Aphrodite
et vieilles dentelles

K. BRUNK HOLMQVIST

Aphrodite et vieilles dentelles

ROMAN

Traduit du suédois
par Carine Bruy

J'AI LU

TITRE ORIGINAL :
Potensgivarna

1

Le grincement de la banquette gigogne dans la cuisine lançait le top départ d'une nouvelle journée. Elida Svensson venait de refermer le tiroir, à 7 h 10 précises, comme tous les matins.

Elida était l'aînée des deux sœurs. Elle fêterait ses 79 ans à l'automne. Tilda n'avait que 72 ans, mais paraissait plus vieille. Elles avaient toutes les deux vu le jour dans cette maison, pas sur la banquette, mais dans le grand lit en fer forgé noir dans la chambre de leurs parents. Cette pièce était d'ailleurs restée intacte depuis : le lit en fer forgé, comme mentionné, avec ses boules en laiton, et la grande courtepointe en patchwork réalisé à partir d'anciens vêtements. Cet ouvrage fascinait Tilda et Elida lorsqu'elles étaient petites et il leur arrivait encore parfois de s'allonger dessus pour se remémorer leurs souvenirs d'antan.

— Ça, c'était mon gilet, disait Tilda en désignant un carré rose bonbon.

— Et là, le cache-nez de grand-père, répondait Elida.

Chaque carré, chaque couleur, possédait sa propre histoire.

Parfois, quand leur père, le forgeron Svensson, avait un petit coup dans le nez, il se servait de ce dessus-de-lit comme d'un livre d'histoires.

« Aujourd'hui, nous allons nous intéresser à la rangée du bord », annonçait-il avant de conter l'origine des vêtements constituant chacun des carrés.

Il veillait cependant à ne jamais dévoiler les mystères de plus d'une rangée à la fois : « Demain, nous parlerons de la suivante. »

Oui, c'était vraiment une courtepointe extraordinaire.

Les demoiselles avaient donc décidé de conserver cette chambre en l'état après le décès de leurs parents. Elles entraient rarement dans la pièce, qui restait juste là, telle une grotte sombre et humide au cœur de la maison. Les sœurs Svensson n'y allumaient jamais le feu, estimant un tel luxe inutile dans la mesure où plus personne ne l'occupait. Deux chevets encadraient le lit, surmontés d'un plateau de marbre et munis d'un tiroir, ainsi qu'un pot de chambre sous l'un d'eux. De fait, même ce récipient en porcelaine rose au bord ébréché reposait à sa place. La toilette trônait dans le coin, comme de tout temps. La vasque et le broc, ornés d'un motif identique, étaient en porcelaine de Rörstrand. Le porte-savon, également en porcelaine, venait cependant d'une autre manufacture. Le savon, lui aussi, était encore là, cassé d'accord, mais là tout de même !

Pour le reste, hormis deux imposants portraits d'ancêtres sur le mur et l'incontournable odeur d'humidité et de renfermé, la pièce ne contenait rien. Les demoiselles Svensson ne voyaient pas la nouveauté d'un très bon œil.

Les sœurs avaient grandi dans des conditions modestes. Leur père, le forgeron, avait certes trimé toute sa vie, mais la famille n'avait jamais disposé que du strict nécessaire. Elna, l'épouse du forgeron, avait élevé Tilda, Elida et Rutger, leur frère cadet, que leur père qualifiait toujours sur le ton de la plaisanterie de « trésor inespéré », car il avait dix ans de moins que Tilda. Leur foyer n'avait en revanche jamais manqué d'amour, ce qui expliquait peut-être que Tilda et Elida aient eu du mal à quitter le nid. À telle enseigne qu'elles avaient anéanti leurs chances sur le « marché du mariage », comme on disait en souriant au village. Pourtant elles étaient loin d'être laides et avaient même fait l'objet de quelques demandes dans leur jeunesse. Par ailleurs, elles avaient évidemment ressenti l'appel de la chair à de nombreuses occasions, appel qu'elles avaient réprimé en travaillant dur ou, à la faveur de l'obscurité nocturne, en explorant leur corps pour finalement découvrir la source de cette sensation brûlante et l'apaiser seules, toujours emplies de remords et de la crainte d'une punition divine. Mais le châtiment ne pouvait être pire que le désir. Ainsi, les deux demoiselles, chacune dans son lit, avaient donc pris l'habitude d'éteindre ce feu qui leur semblait parfois trop dévorant.

Rutger avait déménagé en ville alors qu'il était encore jeune homme et trouvait sans doute son compte à voir ses sœurs prendre soin de leurs parents âgés. Bien sûr, Elida avait aidé à l'épicerie les jours d'affluence et Tilda avait prêté main-forte en tant que cuisinière lorsque des fêtes étaient organisées au village, mais, en dehors de ça, elles étaient restées chez leurs parents. Ces derniers avaient poussé leur dernier soupir dans le grand lit en fer forgé, celui-là même où leurs trois enfants avaient vu le jour dans la souffrance, et tous ces événements s'étaient déroulés sous l'œil vigilant de la courtepointe en patchwork qui recelait tant d'histoires.

Depuis plusieurs années, Tilda et Elida vivaient donc seules dans la maison. L'une comme l'autre touchaient une pension et elles ne manquaient de rien, mais la maison demeurait inchangée, avec son poêle et son fourneau à bois, son lieu d'aisances à l'extérieur et le puits au fond du jardin. Les informations relatives aux différents types de comptes d'épargne n'étaient jamais parvenues jusqu'à la maison sise 13/83 Borrby. Non que les sœurs n'économisaient pas, bien au contraire, mais elles le faisaient à leur manière : Elida dans la bouilloire en cuivre de la cuisine et Tilda dans un coffret en bois de la remise. Elles éprouvaient une certaine satisfaction à voir les liasses de billets s'épaissir, mais il ne leur serait jamais venu à l'esprit d'en dépenser une partie pour faciliter leur quotidien.

Dans la cuisine, il faisait toujours bon. La chaleur produite par le fourneau AGA semblait emplir le moindre recoin, se faufilant le long du carrelage, s'immisçant dans chacune des boucles de la lirette faite maison pour s'élever enfin vers l'attrape-mouches, ce ruban marron gluant qui oscillait légèrement sous l'air chaud et où les insectes livraient un combat désespéré contre la mort. Comme la cuisine était la pièce la mieux chauffée, les sœurs Svensson y dormaient. Elida sur la banquette, parce qu'elle était l'aînée ; Tilda dans le tiroir amovible, plus court et moins confortable. Pourtant, Tilda avait beau être la plus jeune, ses articulations souffraient davantage de l'arthrite, et ses mains et ses doigts évoquaient les rameaux rabougris d'un pin battu par le vent. La cadette avait donc le plus grand mal à s'extirper de la couchette, mais comme les sœurs étaient fermement opposées à tout changement, c'était quand même elle qui, chaque soir, à 21 h 10 précises, se glissait dans le compartiment qui formait le socle de la banquette dans la journée.

Les demoiselles Svensson se couchaient tous les soirs à la même heure, été comme hiver, semaine ou week-end, et, le matin, à 7 h 10 tapantes, le grincement de la couchette se faisait entendre, quand, après avoir fait le lit avec le plus grand soin, Elida refermait le tiroir de la banquette.

2

Elida et Tilda Svensson avaient de plus en plus de mal à s'acquitter des tâches quotidiennes. Néanmoins elles coupaient du bois, nettoyaient l'âtre, cultivaient le potager et confectionnaient des confitures.

L'appel de la chair avait disparu peu à peu ; il n'y avait plus de sensation brûlante à apaiser tard le soir sur la banquette. Dieu avait sans doute pardonné depuis longtemps, se consolait Tilda lorsque la douleur la gagnait et qu'elle redoutait de mourir et d'avoir bientôt à regarder le Seigneur en face. En réalité, et même si elle n'osait pas se l'avouer, les moments de désir sous sa vieille couverture en laine lui manquaient, mais elle voulait monter au ciel aussi pure et innocente qu'à sa naissance dans le lit en fer forgé noir.

— Le café est prêt, lança Tilda.

En fait, cette annonce n'était pas nécessaire, car Elida savait que le petit déjeuner était servi à l'instant précis où elle refermait le tiroir de la banquette.

— La confiture de rhubarbe est une réussite cette année, déclara Tilda.

— Tout de même un peu trop sucrée, ajouta Elida, comme chaque matin.

Au fond, il faut le confesser, les sœurs auraient pu se passer de parler, car elles savaient déjà tout ça, mais elles craignaient le silence et répétaient donc la même chose tous les jours, année après année, à mesure que le manque de nouveaux sujets de conversation se faisait plus prégnant.

Elida lisait le journal la première. Il en avait toujours été ainsi. Elles avaient beau être économes, elles voulaient néanmoins se tenir au courant de ce qui se passait. Elles n'étaient pas stupides. Dieu les avait dotées d'une tête bien faite et elles seraient sans doute allées loin, si on les avait laissées poursuivre leurs études. Au final, c'était Rutger qui avait pu s'engager dans cette voie. Après tout, c'était un garçon et il aurait peut-être à nourrir une famille. Petit à petit, il était devenu journaliste, avait épousé une orthophoniste et le couple avait eu trois enfants.

Il rendait rarement visite à ses sœurs, mais cela arrivait parfois l'été. Elida se sentait encore rougir de honte lorsqu'elle se remémorait le jour où elle avait demandé à Marianne, la femme de Rutger, si une orthophoniste s'occupait de vérifier l'orthographe. Non, Elida n'était pas idiote, mais certains aspects du monde moderne lui échappaient.

Ce matin-là, Elida s'attarda beaucoup plus longtemps que d'habitude sur la page des informations locales et Tilda en conclut que quelque chose avait retenu l'attention de sa sœur. Car même le temps consacré à chaque page ne variait jamais.

— Quelque chose de particulier ?

— La rubrique immobilière dit que la maison de Lantz a été vendue.

Lantz avait été le voisin de la famille Svensson durant de nombreuses années. Il était mort le jour où l'alouette avait fait son retour, le 14 avril. Tilda et Elida s'étaient demandé ce qu'il adviendrait de sa propriété et avaient deviné que, comme tant d'autres maisons du village, elle finirait entre les mains de quelque estivant venu de la ville. Bingo, l'acquéreur était un citadin, et soudain l'angoisse surgissait dans la petite cuisine et la routine quotidienne s'en trouvait bouleversée : il était déjà 7 h 40, or le rituel du petit déjeuner s'achevait normalement à 7 h 30 précises.

Le puits des sœurs Svensson était situé à l'écart, si bien qu'elles devaient traverser une partie du terrain de Lantz pour aller chercher de l'eau. Il y avait certes eu un document attestant l'existence de cette servitude, mais il avait brûlé de nombreuses années auparavant lorsqu'un court-circuit avait déclenché un incendie sur le bureau du forgeron Svensson. Comme Lantz était un bon ami de la famille, personne ne s'était préoccupé de la disparition de ce papier, puisqu'on pouvait aller chercher son eau sans difficulté.

Ce voisin avait un fils dont Tilda et Elida s'étaient toutes les deux entichées, de sorte qu'à l'époque elles allaient plus que volontiers chercher de l'eau fraîche. Désormais elles le faisaient par nécessité, rien de plus. Mais toutes deux se souvenaient de ce temps et l'une comme l'autre avaient plus d'une fois pensé au fils de Lantz lorsque leurs mains se faufilaient sous la couverture la nuit.

— Et si nous n'avons plus accès au puits ? demanda Tilda, contrariée.

— Il n'y a pas de raison, répondit Elida sur un ton rassurant, mais son regard fuyant révélait qu'elle non plus n'était pas sereine.

Tilda resta longtemps assise près du puits ce jour-là. Le couvercle de bois lui parut plus lourd que d'habitude et, lorsqu'elle lâcha le seau, celui-ci refusa de couler. Il rebondissait sur la surface, comme un fait exprès. Tilda dut le lancer plusieurs fois avant qu'il ne finisse par s'incliner et se remplir. Ces dernières années, la plus grande partie du liquide s'échappait du seau avant qu'il atteigne la margelle. Tilda ne s'en inquiétait pas outre mesure, car leurs besoins en eau diminuaient sans cesse.

Ce soir-là, après avoir remonté le seau et l'avoir vidé dans sa bassine émaillée jaune au liseré bleu, elle laissa le couvercle retomber en claquant, pas délicatement comme à l'accoutumée, et le bruit lui parut agréable, comme s'il étouffait sa peur.

Contrairement à son habitude, elle ne retourna pas tout de suite à la maison, mais s'assit sur le couvercle. Elle songea à Lantz, à Erik, son fils, et à tous les étés qu'ils avaient passés ensemble. Elle regretta presque de ne pas l'avoir fait cette fois-là avec Erik. Cette nuit d'été où, fou de désir, il avait voulu s'unir à elle sur la table de jardin blanche sous la tonnelle. Dieu lui aurait sans doute pardonné cela aussi, songea Tilda avant de se rendre compte qu'il était trop tard désormais. Erik était mort et elle-même n'était plus qu'une vieille fille desséchée – pourtant, alors qu'elle se remémorait cet épisode sous la tonnelle, elle eut l'impression qu'il restait encore un peu de vie sous sa combinaison. Tilda décréta sur-le-champ que l'élastique devait être trop serré. Elle s'attarda encore quelques instants pour voir si la sensation revenait, mais ce ne fut pas le cas, ce qui la chagrina.

3

Les jours suivants, les sœurs se gardèrent de mentionner la maison de Lantz, mais l'inquiétude les rongeait, silencieusement, et les deux demoiselles se tournaient et se retournaient dans la banquette de la cuisine bien plus longtemps qu'à leur habitude avant qu'un sommeil libérateur n'alourdisse leurs membres et ne découvre leurs gencives nues dans la clarté lunaire entrant par la fenêtre à croisillons. La chaleur du fourneau AGA irradiait encore la pièce et deux paires de pantoufles éculées attendaient au bord de la banquette que de longs pieds fins et blancs les remplissent de nouveau à 7 h 10 et que leurs oignons reprennent leur place dans les empreintes modelées dans le feutre.

Lorsque le camion de déménagement s'immobilisa devant la maison de Lantz, ni l'une ni l'autre des demoiselles ne voulut montrer son intérêt. La curiosité, disait le forgeron Svensson, était un vilain péché. Mais tout à coup, Tilda et Elida se retrouvèrent près de la haie, dans la même plate-bande, chacune munie d'une binette, à l'endroit où les rigueurs de l'hiver avaient un peu dénudé les troènes et dégagé la vue. Elles étaient si proches l'une de l'autre que les houes s'entrechoquèrent et firent jaillir une petite étincelle. Tilda porta la main à son cœur. C'était une manie qu'elle avait depuis de nombreuses années et à laquelle elle recourait lorsqu'elle était embarrassée : sa sœur s'inquiétait chaque fois que Tilda avait un malaise et toute son attention se concentrait alors sur elle, ce qui désamorçait toute situation gênante.

— Assieds-toi là, lui intima Elida en rapprochant un tabouret qui se trouvait non loin de la haie et dont les sœurs se servaient lorsqu'elles cueillaient des baies.

— Ça me lance dans le bras gauche... gémit Tilda, qui avait lu dans une brochure médicale que c'était ce qui se produisait lorsque les choses allaient vraiment mal.

Cependant, Elida ne parvint pas vraiment à se concentrer sur sa sœur, car son regard retournait sans cesse de l'autre côté des troènes pour voir ce qui se tramait dans la maison de Lantz.

— Jusqu'au bout des doigts, ajouta Tilda à qui cette sensation semblait soudain bien réelle et qui prit peur à l'idée de mourir sans avoir le temps de faire autre chose de son existence.

On aurait dit qu'elle avait deviné que la vie lui réservait encore des surprises et elle décida alors de repousser l'heure de son trépas.

— Il a belle allure, notre nouveau voisin, commenta Elida tandis qu'elles trempaient leurs biscottes dans leur café du soir.

— Tu crois qu'il est célibataire ? s'enquit Tilda. Après tout, nous n'avons vu personne d'autre.

— Ils vont arriver après, répondit Elida. C'est toujours comme ça avec les femmes de la ville. Oui, quand les meubles sont en place et que le terrain a été nettoyé.

— Il a l'air d'un homme marié, convint Tilda en aspirant la biscotte imbibée de café entre ses gencives dénudées.

En effet, leurs dents atterrissaient dans le verre à 20 h 15, lorsqu'elles faisaient leurs préparatifs de coucher. Elles estimaient toutes les deux que sucer les biscottes ramollies par le café était délicieux et procurait d'agréables titillations.

En réalité, elles n'appréciaient guère leurs dentiers, mais elles aimaient en disposer pour manger leur steak du dimanche. Et puis, elles s'accordaient à dire que c'eût été jeter de l'argent par les fenêtres que de les laisser dans le verre le reste de la semaine. Aussi les portaient-elles avec abnégation – sauf pour le café du soir. Là, elles éprouvaient un plaisir presque coupable, oui, presque comme si elles se trouvaient dévêtues, et il arrivait que Tilda lance un regard furtif vers le verre posé sur le fourneau.

Bon, vous pouvez bien rester là, de toute façon nous n'avons pas besoin de vous, se dit Tilda ce soir-là. Si vous ne représentiez pas un tel investissement, vous pourriez bien y rester en permanence, conclut-elle tandis que le dernier morceau de biscotte glissait lentement dans sa gorge.

4

La petite bourgade de Borrby comptait environ mille résidents permanents, mais l'été, sa population augmentait sensiblement. Les vacanciers appréciaient la tranquillité de la campagne, les champs qui s'étendaient à perte de vue et la vieille boutique où des chapelets de saucisses côtoyaient les sabots accrochés aux poutres du plafond. La poste était fermée depuis plusieurs années, mais on avait désormais un facteur et le courrier arrivait directement sur la table de la cuisine, ce qui n'était pas pire, bien au contraire. La localité disposait également de services sociaux, en la personne de ce même préposé. Les services sociaux avaient en effet passé un accord avec la poste pour que ses employés passent dans toutes les habitations, même lorsqu'ils n'avaient pas de plis à déposer. Elida avait lu dans le journal que c'était parce que la commune avait la « responsabilité ultime » de ses habitants. Personne ne devait rester par terre avec une jambe cassée ou une hémorragie cérébrale et se décomposer sur place.

Oui, on disposait de tout ce dont on avait besoin à Borrby. Enfin non, il n'y avait pas de magasin vendant de l'alcool, mais cela ne manquait guère aux sœurs Svensson. Elles achetaient une bouteille de sherry pour Noël et elles gardaient toujours une flasque de vin cuit au fond du vieux placard dans le coin de la cuisine. C'était surtout par mesure de sécurité, au cas où elles seraient enrhumées ou malades, mais elles ne l'étaient jamais, et l'impossibilité d'acheter des spiritueux ne les dérangeait donc pas plus que ça.

Un été, Rutger avait concocté du vin dans le lavoir. Il y avait installé une grande cuve en inox avec des tuyaux et des câbles, dont certains émergeaient du dispositif tandis qu'une autre partie contenait de l'eau. Il avait également acheté du charbon et s'était moqué de Tilda et d'Elida lorsqu'elles lui avaient dit que le feu de bois était plus propre, et puis, le charbon sentait si mauvais à l'extérieur. Mais Rutger paraissait tellement content lorsqu'il émergeait du lavoir à la fin de la journée qu'elles s'étaient habituées à l'odeur. Rutger n'avait jamais offert une goutte du produit fini à ses sœurs. Il avait affirmé qu'il fallait d'abord le laisser décanter, puis il avait emporté toutes les bouteilles chez lui, en ville. Elida avait trouvé ça bizarre que le liquide soit aussi raffiné et pâle. Elle songeait au vin de messe, rouge et charpenté. Rutger s'était singulièrement irrité lorsqu'elles l'avaient questionné au sujet du breuvage et les sœurs avaient donc décidé de se taire. Après tout, elles avaient leur sherry et leur vin cuit, ce qui leur suffisait amplement. La cuve en inox était restée dans le lavoir. « Nous avons si peu de place en ville », avait expliqué Rutger.

Elles l'avaient cru, même si elles ne lui avaient jamais rendu visite, et l'attirail était donc resté là. Si l'odeur avait été très tenace, lorsque les tempêtes automnales s'étaient immiscées par les fenêtres mal isolées, elles avaient comme chassé les derniers effluves de l'été. À Noël, elles avaient enfin pu goûter le vin de Rutger : le facteur leur avait livré un paquet envoyé par leur frère et sa famille. Mais Tilda avait déclaré que Rutger devait y avoir ajouté quelque chose, car le breuvage était désormais jaune pâle. Et puis, il avait acheté des étiquettes qu'il avait collées sur les bouteilles. Et même un bouchon comme ceux qu'elles avaient vus sur les bouteilles vendues dans le commerce. « Ah oui, Rutger sait s'y prendre, avait commenté Tilda, mais c'est vrai qu'il vit en ville. »

À Borrby, on n'attachait pas vraiment d'importance aux préciosités. On préférait ce qui était simple, ce dont on avait l'habitude. Pour autant, on aimait observer les modernités des vacanciers. Il avait beau y avoir des fourneaux dans les habitations, les estivants en achetaient des petits, avec ou sans cheminée, et faisaient griller des saucisses dans leur jardin dès que le temps le permettait.

Un soir, alors qu'elles se rendaient aux vêpres, Tilda et Elida étaient passées devant la maison du Stockholmois, comme on l'appelait. Le Stockholmois faisait griller ses saucisses dans son jardin et sur la table, les sœurs avaient aperçu une bouteille similaire à celle que Rutger leur avait offerte pour Noël. Tilda avait songé à lui demander s'il connaissait leur frère, mais comme elle n'était pas à l'aise lorsqu'elle devait s'adresser à quelqu'un d'extérieur au village, elle s'était abstenue.

— Il doit connaître Rutger, c'est sûr, déclara Elida à Tilda.

— Ça en a tout l'air, répondit Tilda. Rutger a peut-être même visité Stockholm.

— On ne sait jamais, surenchérit Tilda : il est carrément allé à l'étranger.

— Oui, et en plus, il connaît leur langue ! s'exclama Elida avec fierté.

Rutger avait envoyé une carte postale de Thaïlande à ses sœurs et, bien qu'elle eût jauni depuis et se fût couverte de crottes de mouches, elles l'avaient toutefois laissée sur le miroir de l'entrée en guise de témoignage du succès de leur frère.

Leur nouveau voisin aussi avait dû réussir dans la vie, car un mois après son emménagement dans la maison de Lantz, les lieux étaient presque méconnaissables. On avait changé les fenêtres et un dallage au beau motif courait sur les allées autour de la maison. De plus, des jardinières emplies des plus belles fleurs imaginables ornaient toutes les fenêtres.

— Il est sûrement riche, lança Tilda un soir que les sœurs équeutaient des groseilles à maquereau.

— L'épicier m'a dit qu'il avait trois anneaux en or aux doigts, répondit Elida avec une telle excitation qu'elle en laissa tomber une groseille non nettoyée dans les fruits sains.

Tilda s'en rendit évidemment compte, ce qui orienta tout à coup la conversation.

— La confiture peut être amère si des moucherons se retrouvent dans le saladier, commenta-t-elle sur un ton âpre.

— Mais non, pas pour une.

— Si. Et puis imagine si c'est précisément le bocal contenant la groseille sale qui se retrouve sur la table du petit déjeuner lorsque Rutger et sa famille nous rendront visite.

Elida dut admettre que ce serait une catastrophe, mais Rutger venait si rarement que la récolte de l'année aurait sans doute été consommée avant sa prochaine visite.

De la fenêtre de la cuisine du 13/83, à Borrby, on pouvait voir la maison de Lantz, et c'était justement à côté de cette fenêtre que Tilda et Elida préparaient leurs groseilles. Au cours du mois qui venait de s'écouler, elles avaient passé beaucoup de temps à cet endroit et les plates-bandes le long de la haie n'avaient pas été aussi bien entretenues depuis longtemps. On aurait dit que les sœurs avaient tout doucement commencé à changer leurs habitudes, même si ni l'une ni l'autre ne l'aurait reconnu.

Comme, pour ainsi dire, elles suivaient tout ce qui se passait dans la maison de Lantz, elles avaient également appris à connaître les habitudes de leur voisin, ce qui se révélait utile. Cette histoire de puits, par exemple. Avant, les sœurs allaient puiser leur eau à midi, ou pour être plus précis, à 12 h 25, juste avant leur collation de la mi-journée, mais elles ne pouvaient désormais plus s'y risquer à cet horaire, de crainte que le voisin ne les repère. En conséquence, après de méticuleuses observations, elles avaient noté que, tous les soirs, vers 17 heures, le voisin se rendait à à l'épicerie pour y acheter son journal et elles profitaient de son absence pour aller s'approvisionner en eau.

Le vieux puits, qui n'avait jusque-là été qu'un puits, avait à présent une tout autre allure. Son couvercle était désormais peint dans le même vert prairie que l'herbe qui l'entourait et, comme si cela ne suffisait pas, on avait planté des fleurs au-dessus. Pas directement sur le couvercle, bien sûr, mais dans une marmite. L'une de ces marmites en fonte dont les sœurs Svensson se servaient pour faire cuire leur steak du dimanche. Les vacanciers étaient vraiment des gens bizarres, qui détournaient tous les objets de leur utilisation correcte. Ils mettaient également des fleurs dans les grandes bassines en cuivre censées servir à se laver. Et même dans des bouilloires ! Comme l'épicier vendait des beaux pots en plastique blancs, les sœurs Svensson ne comprenaient pas pourquoi ces gens-là éprouvaient le besoin de mettre leurs ustensiles de cuisine dans le jardin et d'y planter des fleurs.

Enfin bref, aller chercher de l'eau était devenu une source de préoccupations. Pour commencer, il avait fallu adapter l'horaire. Ensuite, il s'agissait de déplacer les fleurs avec précaution et, pour finir, de refermer le couvercle avec délicatesse pour ne pas écailler la peinture verte.

Lorsque l'heure approchait, Tilda était toujours prise de crampes. Elle avait également parfois des élancements dans le bras gauche, des vertiges, des nausées. Une certaine irritation avait commencé à affleurer entre les sœurs qui avaient jusqu'alors toujours vécu en symbiose.

Au bout de la septième semaine de l'été, les demoiselles s'accordèrent sur la nécessité d'aller parler du puits à leur voisin.

C'était l'une de ces véritables soirées d'été. Les mouches restaient immobiles dans l'air ; le bidon d'eau de pluie était vide depuis longtemps, et il régnait un tel silence que les mots résonnaient, comme s'ils demandaient à être répétés, et la densité du calme ambiant les empêchait de cheminer jusqu'à leur destinataire. Les diptères s'agitaient encore plus que d'habitude sur le papier tue-mouches et leur danse macabre et vrombissante était rythmée par les crépitements de la dernière bûche dans le poêle : le gros morceau de bois plein de vie qu'on avait mis à brûler à peine dix minutes plus tôt ne tarderait pas à être réduit à quelques malheureuses braises.

— Qu'est-ce qu'on va lui dire ? demanda Tilda, inquiète.

— Qu'il doit nous laisser puiser de l'eau, tiens ! répliqua Elida.

— Vas-y, répondit Tilda, pendant ce temps je préparerai le café et les biscottes.

— Oh ! Tu ne devrais pas te surmener comme ça, rétorqua Elida sur un ton ironique. Tu as eu des élancements dans le bras gauche aujourd'hui. Vas-y, toi, je m'occupe du café.

Le bourdonnement des mouches prises au piège du ruban s'était tu avant que les sœurs n'aient réussi à se décider. La plaque du poêle avait refroidi en émettant ses trois craquements usuels et à ce stade, les dents des demoiselles Svensson auraient déjà dû reposer dans le verre, sur le fourneau, leur café bu, et le tiroir de la banquette tiré.

À 21 heures, Tilda et Elida sortirent de chez elles ensemble, puis se dirigèrent vers la maison de Lantz d'un pas hésitant. Elles avaient toutes deux enfilé leur robe du dimanche et avaient jeté un coup d'œil dans le miroir de l'entrée, celui sur lequel elles avaient glissé la carte de Rutger.

Leur nouveau voisin s'appelait Alvar Klemens. Tilda et Elida lui donnaient la soixantaine. Il était originaire de Sundsvall et dirigeait un bureau.

Au moment où Elida avait demandé quand sa femme allait arriver, Tilda lui avait donné un coup de pied dans la jambe avec sa pantoufle en cuir au talon en liège. Par la suite, Elida s'était défendue en affirmant qu'il avait l'air marié et en arguant que ce n'était pas par curiosité qu'elle avait posé la question. Tilda lui avait alors rappelé l'opinion du forgeron Svensson sur l'indiscrétion et Elida avait éprouvé une légère honte. Pour autant, les deux dames avaient paru ravies lorsque Klemens leur avait expliqué qu'il vivait seul.

Klemens était un bel homme, ça, chacune des sœurs l'avait constaté pour elle-même. Et puis, il était sympathique. Il leur avait offert un verre d'un alcool qui leur avait semblé plus fort que le vin cuit et le sherry. Il leur avait ensuite assuré que ses deux voisines pouvaient aller puiser autant d'eau qu'elles le voulaient, quand cela leur convenait.

Elida et Tilda s'étaient assises bien droites dans le beau canapé orné de motifs en médaillons, et elles s'apprêtaient à se lever pour rentrer chez elles lorsque Klemens avait demandé :

— Une dernière petite tisane ?

Puis il leur avait servi un second verre d'alcool fort sans prêter attention aux protestations de ses voisines. Tilda avait essayé de lire l'étiquette, sans voir la mention « tisane » nulle part. De toute façon, elle ne comprenait rien de ce qui était écrit parce que c'était dans une langue étrangère.

— C'est gentil de votre part, monsieur Klemens, de nous laisser traverser votre terrain pour aller chercher de l'eau.

— Aucun problème, répondit Klemens en riant. Et, s'il vous plaît, appelez-moi Alvar.

Les deux sœurs s'inclinèrent poliment et si bas que leur dos jusque-là si droit ressemblait à présent à une flèche de profil.

— Est-ce que vous recyclez le papier ici ? s'enquit Alvar, et les deux sœurs le regardèrent sans comprendre. Je veux dire, y a-t-il une société qui le récupère pour qu'il soit réutilisé ? On est vite envahi, ajouta-t-il en désignant une pile de journaux sur le bureau.

Il n'y avait pas seulement des quotidiens, mais également des magazines en couleurs. Les demoiselles s'étonnèrent qu'Alvar ait déjà accumulé autant de journaux en si peu de temps.

— On se sert des journaux pour allumer le poêle, répondit Elida qui ne pouvait pas imaginer qu'on puisse jeter des choses aussi utiles.

— Si vous en avez besoin, prenez-les, lança Alvar avec gaieté. Je serais ravi d'en être débarrassé.

Tilda comme Elida avaient la tête qui tournait un peu, mais elles ignoraient si cela venait de l'offre généreuse de leur voisin ou du spiritueux dans leur verre. Il s'agissait de grands verres avec de beaux pieds hauts qu'Alvar avait posés sur de jolis napperons pour éviter qu'ils ne laissent des traces sur la table. En fait, les sœurs auraient dû s'être éclipsées depuis longtemps, mais elles n'osaient pas vider leur verre trop vite, car elles étaient conscientes que cette tisane était forte. Elle brûlait vraiment en passant dans la gorge et enflammait ensuite les joues. Presque comme le soir sous la tonnelle avec Erik, pensa Tilda, et elle se sentit soudain vraiment euphorique.

Avant que Tilda et Elida ne finissent par prendre congé, Alvar affirma que leur visite lui avait fait plaisir et qu'il espérait qu'ils se reverraient.

Les semelles de leurs pantoufles en cuir leur semblaient instables et les demoiselles avaient encore les pommettes en feu lorsqu'elles rentrèrent chez elles d'un pas mal assuré, chacune un paquet de journaux sous le bras.

C'était la première fois en quatorze ans qu'elles allaient toutes les deux au lit sans avoir bu de café ni mangé de biscottes. C'était également la première fois en quatorze ans que Tilda et Elida continuaient à discuter après s'être couchées.

— Tu as vu les anneaux en or ? s'enquit une Elida sans dents.

— Oui. Ces directeurs de bureaux doivent bien gagner leur vie.

— Je me demande combien de bureaux il faut vendre avant de devenir directeur de bureaux, reprit Elida.

Non, les sœurs Svensson n'étaient pas idiotes, mais les modernités de la vie professionnelle comme ses sous-directeurs et ses orthophonistes leur échappaient.

Cela ne les empêcha pas de bien dormir cette nuit-là. Après tout, elles pouvaient maintenant aller chercher de l'eau à leur convenance et elles avaient récupéré assez de journaux pour un bon bout de temps. Elles étaient si excitées qu'elles ne s'aperçurent même pas qu'elles avaient oublié de recouvrir d'eau leurs dentiers béants dans leurs gobelets.

5

Les demoiselles Svensson sortaient rarement et elles ne rencontraient des gens que lorsqu'elles se rendaient à l'épicerie ou à l'atelier de couture. De fait, elles se rendaient toutes les deux à cette activité organisée par la paroisse le jeudi soir. On y réalisait de beaux travaux qui étaient ensuite vendus aux enchères une fois par an. Jadis, les sœurs réalisaient de belles broderies avec de tout petits points mais, au fil des ans, leurs doigts avaient perdu leur agilité. Désormais, elles ne cousaient plus qu'en gros points de croix sur de la toile ordinaire. L'une comme l'autre étaient fières de tout l'argent qu'elles avaient fait rentrer dans les caisses de l'église grâce à leurs ouvrages. Elles ne cousaient jamais rien pour elles. Évidemment : elles n'avaient besoin de rien.

Il faut dire qu'il y avait la courtepointe dans la chambre de leurs parents, alors qu'auraient-elles pu vouloir de plus ? Dans la cuisine, elles utilisaient une nappe à carreaux tissée main qui était très pratique parce qu'elle était facile à laver. Parfois, elles plongeaient trop profondément leurs biscottes dans leur café et la toile se retrouvait maculée de gros champignons marron. En somme, il était inutile d'avoir une nappe plus raffinée. Les demoiselles disposaient également d'un séjour, mais elles passaient la majeure partie du temps dans la cuisine. Dans cette pièce, il y avait évidemment des nappes brodées et un petit napperon sous presque chaque bibelot. C'était Elna, leur mère, qui en avait réalisé la plupart, mais quelques-uns avaient vu le jour sous les aiguilles des jeunes filles qu'elles avaient été.

Dans un premier temps, ces dentelles avaient constitué leur trousseau, mais lorsqu'elles avaient compris que leurs chances de mariage étaient infinitésimales, elles les avaient déballées et disposées au milieu des autres objets de la maison.

Dans le séjour, trônaient également un bel ensemble canapé-fauteuils tendus d'un tissu rayé doux et une table en chêne ancien patiné avec des pattes de lion. Une lampe à la Strindberg était posée sur une petite table où elle disputait la place à deux chandeliers en laiton et deux cygnes que les sœurs avaient achetés dans une verrerie lors d'une excursion avec la paroisse.

Le coin où se dressait le bureau du forgeron Svensson était vide à présent. Le feu l'avait si sérieusement endommagé qu'il avait été tout simplement impossible de réparer le meuble. Les traces noires laissées sur le tapis de liège par le court-circuit et l'incendie qui avait suivi étaient là depuis si longtemps que les sœurs ne les voyaient plus. Il faut dire que leur vue s'était détériorée, mais « si longtemps que nous verrons la différence entre les groseilles à maquereau et les framboises, nous ne changerons pas de lunettes », plaisantaient-elles toujours.

Elles avaient toutes les deux de l'humour. Oui, elles avaient un tempérament enjoué et aimaient plaisanter mais, ces dernières années, leurs éclats de rire s'étaient faits plus rares. C'est ce à quoi songeait Tilda un jour où elle passait un agréable moment sur les cabinets avec quelques-uns des magazines qu'Alvar leur avait offerts. Il leur en avait vraiment donné beaucoup et, en plus de les utiliser pour allumer le poêle, elles pouvaient également remplacer le papier toilette onéreux par quelques feuilles de journaux. Leurs visites dans la cabane au fond du jardin ne cessaient de s'allonger, mais elles n'avaient personne à leurs trousses et pouvaient donc se permettre ce luxe.

L'angoisse qui avait pris racine au 13/83 à Borrby, lorsque les sœurs avaient appris la vente de la maison de Lantz, commençait à desserrer son étreinte autour de leur cœur simple. La joie revenait, accompagnée d'une certaine excitation difficile à décrire. Les deux sœurs s'étaient mises à s'observer en douce. Tout ce qui devait être fait à la cuisine l'était devant la fenêtre donnant sur celle d'Alvar et les sœurs s'épiaient sans relâche.

Tilda, qui portait un grand intérêt aux familles royales – pas seulement à celle de Suède, mais également aux dynasties étrangères –, s'abîmait dans une espèce de transe lorsqu'elle lisait les articles qui leur étaient dédiés dans les magazines colorés. Ses visites au petit coin duraient donc de plus en plus longtemps, ce qui avait éveillé les soupçons d'Elida.

— Tu as parlé à Alvar ? l'interrogea Elida et, malgré les assurances de Tilda qu'elle s'était juste rendue aux cabinets, Elida avait toujours l'air suspicieuse.

Tilda comprit donc qu'elle devait raccourcir la durée de ses séjours dans les lieux d'aisance. Même si ce n'était pas pour apaiser l'inquiétude d'Elida, il le fallait bien en vérité. À cause de ce problème d'hémorroïdes. Elles ne s'étaient pas manifestées depuis des années, mais les longs moments passés dans cette position inconfortable au-dessus du trou beaucoup trop grand de la plaque en bois avaient laissé des séquelles et Tilda avait bien l'impression que ses anciennes contrariétés refaisaient surface. Elle veillait à ce qu'Elida ne le remarque pas, car cela l'aurait embarrassée. Lorsque la douleur était à son comble et qu'elle avait du mal à marcher, elle incriminait ses pantoufles en cuir.

— Le vieux cordonnier Andersson, lui, n'aurait jamais bâclé le travail à ce point. On sent la trépointe à travers les semelles. C'est un véritable calvaire de marcher avec ces machins ! se plaignait-elle.

Un soir, il y avait même eu un peu de sang sur la page des nouvelles locales. Elles utilisaient en effet parfois leurs propres journaux aux cabinets. Une folle inquiétude avait alors saisi Tilda et, au moment où Elida s'apprêtait à aller au puits, elle abandonna son poste d'observation à la fenêtre et alla chercher la bouteille de vin cuit dans le vieux placard. Elle sortit le grand verre à liqueur, le remplit à ras bord et le vida d'un trait sans grimacer. Elle avait évidemment entendu les anciens dire qu'il fallait prendre des bains de siège, mais Tilda pensait qu'elle pouvait soigner son problème de l'intérieur, pour ainsi dire. Elle venait tout juste de refermer la belle porte peinte du placard lorsque sa sœur revint avec l'eau.

— Il y a une drôle d'odeur ici, déclara Elida avant de poser le seau émaillé jaune avec une telle violence qu'un peu d'eau éclaboussa ses pantoufles.

— Tiens, c'est exactement ce que je me disais, répondit Tilda en veillant à ne pas expirer pour que l'odeur du vin n'envahisse pas la petite cuisine.

— Pourquoi est-ce que tu parles de cette manière bizarre ? s'étonna Elida.

À ce stade, Tilda, qui avait fait attention de n'expirer qu'un peu d'air par le nez, ressentait un besoin désespéré de relâcher son souffle.

Elle fut sauvée par le gong de la sonnerie du téléphone, car c'était toujours Elida qui décrochait. Pendant ce temps, Tilda saisit le bocal de caramels au lait et, après en avoir sucé un quelques instants, elle retrouva son assurance et se remit à respirer normalement. C'était peut-être son imagination, mais Tilda avait l'impression que le vin cuit commençait à faire effet. En tout cas, la pression qu'elle ressentait dans son bas-ventre avait considérablement diminué et elle lâcha un long soupir de soulagement.

Lorsque Elida raccrocha, Tilda n'eut pas besoin de demander avec qui elle avait parlé. Seul Rutger appelait et ce n'était pas fréquent. Enfin non, la présidente de l'atelier de couture les contactait évidemment une fois par an pour les prévenir de la réunion avant la vente aux enchères, mais c'était généralement au moment de Noël. Comme c'était la fin de l'été, ce devait forcément être Rutger.

Elida avait tout oublié de l'odeur, qui du reste avait disparu.

— Je ne comprends pas pourquoi il se soucie autant de nous d'un seul coup. Il trouve que la maison n'est pas moderne et que nous trimons trop.

— Il ne s'en est jamais inquiété avant, s'étonna Tilda.

— Il dit que nous serions mieux dans une maison de retraite en ville.

— Jamais de la vie, répliqua Tilda sur un ton calme, mais triste. Nous avons passé toute notre vie ici.

— Il m'a dit qu'il avait des contacts et qu'il pourrait nous obtenir des places.

— Et la maison serait vendue ? s'offusqua Tilda. Elle se retrouverait entre les mains de vacanciers qui la transformeraient au point de la rendre méconnaissable et qui mettraient des pétunias dans la marmite en fonte où nous cuisons notre steak du dimanche !

— Non. Rutger m'a dit qu'il pourrait acheter la maison à un petit prix pour qu'elle reste dans la famille. Il l'utiliserait comme résidence de vacances et nous pourrions y passer une semaine l'été.

Même si leur frère avait eu du succès dans la vie, Tilda pouffa en entendant sa proposition.

— Il y a quelque chose de louche, rétorqua-t-elle sur un ton déterminé.

Oui, c'était la plus intelligente des deux sœurs et elle avait de l'intuition, en plus. Elle sentait les choses et avait souvent raison.

— Il pensait à tes douleurs, aux toilettes à l'extérieur et au fait que nous devons aller puiser de l'eau, reprit Elida, presque comme si elle voulait défendre Rutger.

Les deux sœurs aperçurent Alvar à la fenêtre et déclarèrent presque en même temps :

— Non, hors de question que nous déménagions.

En toute franchise, elles se comportaient comme des gourdes depuis qu'Alvar avait emménagé. Elles s'étaient mises à se soucier de leur apparence, ou du moins ce qu'il en restait. Elles portaient leur robe du dimanche à longueur de journée et allaient chercher de l'eau deux fois par jour, ce qui n'était pas arrivé depuis qu'elles vivaient seules dans la maison. Elles avaient même sorti le parfum que Rutger leur avait offert un été : si le forgeron Svensson avait pu observer ses filles, il se serait retourné dans sa tombe.

Elles cessèrent de parler de Rutger et de son offre. La discussion était close et il n'y avait pas lieu d'argumenter, car lorsque les sœurs avaient pris une décision, c'était définitif. Point final.

Le soir, Elida sortit la bouilloire en cuivre et compta ses billets. 32 000 couronnes s'étaient accumulées dans l'ustensile bien astiqué et elle parut contente lorsqu'elle dit à Tilda :

— On pourrait s'offrir une nouvelle robe du dimanche.

Tilda était en train de retirer la cendre du fourneau et la suggestion de sa sœur la surprit tant qu'elle fit un geste brusque, et un nuage de suie et de charbon s'éleva dans la cuisine.

À peine deux mois plus tôt, une telle pensée aurait été inconcevable de la part des demoiselles mais, désormais, rien ne semblait impossible. Tilda fut d'abord étonnée, mais trouva ensuite cette proposition séduisante. De plus, comme elles se sentaient obligées d'inviter Alvar à venir prendre le café, ces nouvelles robes tomberaient à point nommé.

Dès le lendemain, les demoiselles Svensson attendaient le bus pour se rendre en ville.

Il tombait une légère bruine et on aurait dit que cette pluie tant attendue ravivait les senteurs estivales, qui se faufilaient jusqu'aux deux dames à l'arrêt de bus, caressant leur sac à main marron et leurs souliers beiges ouverts à l'avant.

Les sœurs avaient toujours porté des chaussures aux teintes discrètes. De fait, Dieu les avait faites avec des pieds plus grands que nécessaire pour tenir debout. Pour le reste, leurs proportions étaient équilibrées. Elles mesuraient plus ou moins un mètre soixante et pesaient cinquante-huit kilos. Oui, leur corps était bien proportionné, excepté cette histoire de pieds.

Dès leur enfance, ces derniers avaient pris une place démesurée. À la fin de l'année scolaire, les autres enfants se voyaient remettre des bottines claires, mais celles de Tilda et d'Elida étaient marron ou noires.

— On les remarque moins ainsi, disait toujours leur mère.

Maigre consolation pour les deux écolières qui voulaient avoir la même apparence que leurs camarades.

— J'aimerais juste avoir une paire de bottines claires et on peut les voir autant qu'on veut !

avait déclaré Tilda à l'approche de l'examen de fin d'année.

Cela n'avait rien changé à l'affaire. Tous les ans, elles se rendaient à la cérémonie de fin d'année avec leurs bottines sombres et des rameaux de lilas blanc entre les mains.

Une fois arrivées à l'âge adulte, quand elles furent en mesure d'acheter ce qu'elles voulaient, cette règle était restée ancrée en elles et leur plus grande audace avait été ces souliers beiges qu'elles avaient depuis huit ans. Leurs pieds paraissaient presque encore plus grands maintenant que jadis. C'était peut-être dû au fait que leurs jambes étaient devenues plus fines, blanches et osseuses. Mais les chaussures étaient fonctionnelles et les demoiselles ne s'en souciaient pas le moins du monde lorsqu'elles se hissèrent sur le marchepied du bus 572 qui allait les amener à Simrishamn.

Avant d'arriver à destination, elles vérifièrent toutes les deux qu'elles avaient bien emporté ce dont elles avaient besoin. Leur argent était en sécurité dans leur portefeuille entouré d'un élastique, des mouchoirs blancs bien propres se trouvaient dans les pochettes de leur sac avec un jeu de cartes au cas où un événement imprévu se produirait.

Elles sentirent le calme les regagner, refermèrent les boucles dorées de leur sac et virent au même instant les grands immeubles se rapprocher. Une fois descendues du bus à la gare, elles restèrent d'abord immobiles quelques instants, comme si elles cherchaient à s'orienter, avant de remonter le long du bâtiment en direction de la place qui grouillait de badauds avides d'emplettes.

Les vitrines des boutiques regorgeaient de belles choses, à tel point que Tilda et Elida en avaient le tournis. Dans les deux premiers magasins, elles ne trouvèrent absolument rien. Personne ne semblait avoir le temps de leur venir en aide et elles sentaient leur humeur s'assombrir peu à peu.

Soudain, elles repérèrent une petite échoppe avec des mannequins tout simples dans la vitrine, comme dans l'ancien temps. Dans les autres boutiques, les mannequins ressemblaient à Elna le jour où l'incendie avait frappé le bureau. Non, ces mannequins n'étaient pas beaux, et leur mère non plus ce jour-là. Leur bouche était grande ouverte et leurs jambes et leurs bras étaient tendus. Mais ce magasin semblait différent. Les mannequins se tenaient droits, les deux pieds plantés sur le sol, et leur bouche souriait. Leurs bras tombaient gracieusement le long de leurs flancs, comme il se devait. La vendeuse paraissait s'intéresser aux clientes qui venaient d'entrer et vint tout de suite leur demander si elle pouvait leur être utile. Elle semblait également avoir saisi ce que les deux sœurs recherchaient, car tout ce qu'elle leur présenta était beau et leur plaisait.

Tilda essaya la première. Elle n'osa pas regarder le prix sur l'étiquette avant que le rideau fleuri ne la dissimule au regard de la vendeuse. Elle lâcha un gémissement à voix haute et la vendeuse inquiète écarta immédiatement la draperie pour vérifier qu'elle allait bien. Ce n'est qu'après l'avoir rassurée que Tilda put refermer le rideau et entreprendre le laborieux processus d'essayage. Sa combinaison rose soyeuse était encore plus difficile à dompter que les autres jours et elle n'arrêtait pas de s'entortiller entre ses jambes maigrelettes. En fait, elle n'aurait pas eu besoin d'enfiler les trois robes, car elle savait déjà que c'était la bleu ciel ornée de bouquets de fleurs qu'elle voulait. Leur père les mettait toujours en garde contre le danger de se trouver belle, mais Tilda estimait vraiment paraître beaucoup plus jeune dans la robe légère au motif fleuri, et elle ressentait une pointe de honte en le pensant.

— Tout va bien ? s'enquit la vendeuse, et elle et Elida passèrent la tête dans la cabine à l'instant où elle remettait sa vieille robe du dimanche.

— Je prends celle-ci, répondit-elle en tendant la robe bleu ciel aux jolis bouquets à la vendeuse. Bon, à ton tour d'essayer, lança-t-elle à Elida en la poussant presque dans la cabine.

De fait, Tilda ne voulait pas qu'Elida sache qu'elle avait choisi la robe la plus chère. Elida avait l'intention d'essayer quatre robes et Tilda paya pendant ce temps. Elle demanda également une paire de collants en nylon clair à la vendeuse. Juste au moment où elle posait l'argent sur le comptoir, elle aperçut un collier de perles blanches à côté de la caisse. Les perles de tailles différentes chatoyaient de belle manière et seraient sans doute du meilleur effet avec sa nouvelle robe.

— Je prends ça aussi, déclara Tilda après avoir vérifié qu'Elida était toujours dans la cabine.

— Vous avez bon goût, commenta la vendeuse avec gentillesse et Tilda sentit une vague de chaleur l'envahir.

Les sœurs quittèrent le magasin le pas léger, chacune munie d'un grand sac de trésors.

Alors qu'elles descendaient Storgatan en direction du port, elles passèrent devant une pâtisserie. Elles s'arrêtèrent toutes les deux, mais ni l'une ni l'autre ne dit rien. Ce n'est que lorsqu'un client ouvrit la porte pour sortir et que l'odeur de café se faufila jusqu'à leurs narines qu'elles se décidèrent. Elles ne prononcèrent pas un mot, n'argumentèrent pas, mais entrèrent d'un pas résolu. Les sœurs Svensson avaient changé du tout au tout, c'était indéniable. Elles n'avaient pas mis les pieds dans une pâtisserie depuis au moins trente ans. Elles commandèrent chacune un macaron et un café, mais ne retirèrent pas leur dentier pour les déguster. L'établissement était orné de luxueuses tentures de velours rouge, de rideaux vaporeux assortis et de grands miroirs aux cadres dorés. De temps à autre, les sœurs apercevaient leur reflet dans l'un d'eux ; il y en avait tant que c'était inévitable. Les demoiselles Svensson et leurs nouvelles robes, de même que les nouveaux rideaux de cuisine qu'elles avaient dégotés dans un magasin de décoration après avoir quitté la pâtisserie, rentrèrent par le dernier bus de 17 h 10. Tilda n'avait pas encore osé mentionner les bas et le collier. Cela pouvait attendre.

Elles eurent du mal à allumer le poêle ce soir-là. Lorsque le feu eut enfin pris, une agréable chaleur ne tarda pas à se diffuser dans la petite cuisine. Tilda fut la première à ouvrir la trappe pour vérifier que le feu était bien parti, puis ce fut le tour d'Elida. Aucune ne se douta que sa sœur avait profité de ce geste pour jeter l'étiquette de sa robe et cacher son prix à l'autre.

Les flammes dévorèrent les deux morceaux de papier sur lesquels étaient respectivement inscrits 529 et 538 couronnes. C'était le plus gros investissement qu'elles aient jamais fait au nom de la vanité et, là encore, le forgeron Svensson se serait réjoui d'être déjà enterré.

6

L'enjeu était majeur pour Tilda et Elida. Alvar devait venir prendre le café ce jour-là. Elles s'agitaient devant leur fourneau comme des poules sur le point de pondre. Pour éviter les mauvaises surprises, elles relavèrent les belles tasses qui n'avaient pas servi depuis si longtemps. Elles avaient invité Alvar à 19 heures, mais à 18 heures, tout était déjà prêt sur la table du séjour. Sur la grande nappe brodée à peine visible sous la multitude de plats à gâteaux, les serviettes amidonnées étaient glissées dans les anses des tasses.

Une fois la table dressée dans les moindres détails, les sœurs allèrent s'occuper de leur parure personnelle, si l'on peut dire. Elles commencèrent par faire chauffer de l'eau sur le fourneau, puis elles se lavèrent avec soin. Ensuite, elles sortirent leur nouvelle robe et, après force hésitation, Tilda décida de mettre son collier tout neuf. Cela se passa mieux qu'elle ne s'y attendait. De fait, Elida n'en parla pas, pas la moindre remarque. Mais Tilda nota qu'elle l'avait vu, oui, elle l'avait carrément scruté, mais elle n'avait pas pipé mot et Tilda non plus.

À 18 h 30, Tilda disparut dans le lavoir et revint avec un fer à friser. Elle avait l'air gênée et s'empressa de couper l'herbe sous le pied d'Elida en déclarant :

— C'est quand même dommage d'en posséder un et de ne pas s'en servir.

— Oui, tu as peut-être raison, convint Elida. Le fourneau est sans doute assez chaud.

De fait, il s'agissait d'un de ces anciens modèles qu'on chauffe directement sur le fourneau avant de l'appliquer sur ses cheveux.

Tandis que Tilda faisait chauffer le fer, Elida sortit quelques mèches de son propre chignon dans l'intention de les friser autour de ses oreilles.

Une fois le fer chaud, Elida le prit la première et le pressa d'abord contre du papier journal, comme elle avait vu sa mère le faire. L'appareil y laissa une petite marque brune, puis ce fut le moment d'enrouler ses cheveux gris autour et d'attendre. Une odeur familière se diffusa dans la cuisine. Une odeur de brûlé qui avait flotté chaque fin d'année durant la scolarité des demoiselles Svensson. À l'époque, elles se battaient pour savoir laquelle passerait sous le fer la première.

Les cheveux secs s'asséchèrent encore davantage et se retrouvèrent à pointer comme de la barbe à papa autour des oreilles d'Elida, mais cette dernière paraissait satisfaite du résultat. Lorsqu'elles furent toutes les deux prêtes, elles se mirent chacune un peu de parfum derrière les oreilles, puis il n'y eut plus qu'à patienter.

L'eau pour le café était déjà entrée en ébullition sur le fourneau, mais elles voulaient attendre la dernière minute pour le préparer afin qu'il soit tout frais et meilleur.

Les sœurs étaient assises côte à côte sur la banquette, droites comme des *I*, si apprêtées qu'elles osaient à peine bouger.

Elles avaient accroché les nouveaux rideaux et ni l'une ni l'autre ne disait quoi que ce soit. D'habitude, elles n'aimaient pas le silence, mais ce soir-là, c'était comme si chacune d'elles jouissait simplement de la situation. Pas seulement du silence, mais également de la belle table, de sa propre tenue, des nouveaux rideaux et du fait qu'Alvar Klemens, le directeur de bureau, n'allait pas tarder à franchir leur seuil.

Et il passa la porte à 19 heures précises, grand et élégant, avec ses anneaux en or aux doigts et une boîte de chocolats pour ses voisines.

Même si cela faisait plus de sept semaines qu'Alvar habitait à Borrby, c'était la première fois qu'il leur rendait visite. Tilda et Elida, en revanche, étaient déjà allées chez lui deux fois. La première fois, sans y avoir été invitées, pour discuter de la question du puits, et la seconde pour partager un café et une petite collation.

Alvar entra dans la cuisine, parcourut les lieux des yeux et s'exclama :

— On ne lésine pas sur le chauffage ici !

— L'été touche à sa fin ; nous ne voulons pas avoir d'humidité et nous ne manquons pas de charbon ni de bois, expliqua Tilda.

Alvar ne fit pas de commentaire et se contenta d'observer la pièce avec curiosité.

— Une belle maison ancienne, commenta-t-il, et on entendait à sa voix qu'il était sincère.

— Tu veux peut-être la visiter ? suggéra Elida, puis elle se rendit compte que c'était la première fois qu'elle tutoyait Alvar.

— Bah, il n'y a pas grand-chose à voir, intervint Tilda sur un ton gêné. Il y a juste la cuisine et le séjour, ajouta-t-elle en accompagnant la parole d'un geste.

Alvar désigna la porte de la chambre de leurs parents.

— Et là alors ?

— Nous n'utilisons pas cette pièce, expliqua Elida. Nous avons assez de place comme ça de toute façon. Mais si tu veux, tu peux jeter un coup d'œil, ajouta-t-elle en ouvrant la porte tandis que Tilda commençait à préparer le café.

Elida fut presque embarrassée par l'admiration qu'il exprima en pénétrant dans la chambre.

— Vous avez vraiment de beaux meubles, déclara Alvar en tapotant le montant du lit en fer forgé qu'il examina minutieusement. C'est sans doute un ancien modèle anglais, ajouta-t-il et, au même instant, ses yeux se posèrent sur la toilette. Il souleva le broc, passa les doigts sur le bord et le retourna pour étudier le sceau dessous.

— De la belle porcelaine de Rörstrand ancienne. Eh bien dites donc ! Certains donneraient sans doute leur chemise pour ça !

Mais Tilda et Elida n'avaient pas besoin de chemises. Elles préféraient leur gilet tricoté main. Le broc resterait donc à sa place aussi longtemps qu'elles vivraient, pensa Elida.

Tout intéressait Alvar Klemens. Dans le séjour aussi, il souleva de nombreux objets avant de hocher la tête d'un air approbateur. Tilda et

Elida étaient fières qu'il soit si impressionné par leur humble demeure. En revanche, il ne fit aucun commentaire sur les robes des demoiselles Svensson ni sur leurs nouveaux rideaux de cuisine. Mais il les considéra avec ravissement, vraiment.

Les sœurs lui tendirent les plats de gâteaux, versèrent le café et ne cessèrent de l'inviter à se servir. Elles ne furent satisfaites que lorsque Alvar eut goûté les sept variétés différentes. Tilda gagna la cuisine pour préparer davantage de café et, à l'instant où les dernières gouttes s'écoulaient du vieux filtre en tissu, Elida l'y rejoignit.

— Nous devrions peut-être lui offrir un petit verre de sherry, suggéra-t-elle.

— Fais-le, répondit Tilda en souriant à sa sœur.

Non, ce n'était pas un sourire ironique, si c'est ce que vous croyez. Pas du tout : il était amical et elle pensait vraiment ce qu'elle disait.

La vapeur de l'eau du café avait fait rebiquer les boucles de Tilda autour de ses oreilles, mais, Dieu merci, Elida n'en dit rien.

À 21 heures, les plats à gâteaux étaient presque vides et il ne restait qu'une lichette de sherry dans la bouteille. Mais bon, elle n'était qu'à moitié pleine au départ.

Alvar leur avait parlé de ses voyages à l'étranger ainsi que d'anecdotes relatives à ses différents lieux de travail, et Tilda et Elida n'avaient pas ri de si bon cœur depuis longtemps. Oui, à certains moments, elles avaient ri si fort qu'elles avaient eu du mal à garder leur dentier dans leur bouche. En temps normal, leurs dents ne bougeaient pas, mais avec les miettes des gâteaux qui s'étaient glissées entre leur appareil et leurs gencives, elles avaient eu des difficultés à les maintenir en place.

Alvar leur avait également confié qu'il avait l'intention de s'installer de manière permanente à Borrby une fois qu'il aurait pris sa retraite, ce qui réjouit bien sûr particulièrement les demoiselles, car l'hiver, Borrby était déserté et triste, et le temps paraissait bien long lorsqu'on n'avait pas à s'occuper du jardin, des fruits et des baies.

Alvar ne prit congé qu'à 23 heures. Avant de partir, il embrassa ses deux voisines sur la joue et c'était une soirée que les demoiselles Svensson n'oublieraient pas de sitôt, et peut-être même jamais.

Le lendemain, Tilda et Elida dormirent jusqu'à 8 heures, chose totalement inédite. Certes, elles s'étaient couchées inhabituellement tard. Après le départ d'Alvar, elles avaient débarrassé, fait la vaisselle et, il faut bien le dire au nom de la vérité, s'étaient partagé le reste du sherry en goûtant les délicieux chocolats qu'Alvar leur avait achetés – après avoir fermé les rideaux, bien sûr. Elles voulaient que la maison soit en ordre avant de se mettre au lit. Elles tenaient ça de leur mère. « Ne remets jamais au lendemain ce que tu peux faire le jour même. » Voilà ce que disait leur mère et ces mots étaient gravés dans la tête de ses filles.

Lorsque Tilda alla jeter l'eau avec laquelle elles avaient fait leur toilette dans les buissons, elle nota que l'été était sur le point de tirer sa révérence. La nuit avait été froide et la rosée formait encore une pellicule protectrice sur le jardin. Les cœurs-de-Marie étaient si alourdis par les gouttes que leurs branches touchaient presque le sol. Oui, elles avaient beaucoup de belles plantes vivaces dans leur jardin et n'avaient donc absolument pas besoin d'acheter des pétunias et d'autres fleurs d'été. Ce qui ne les empêchait pas d'être très impressionnées par les pétunias d'Alvar. Elles n'avaient jamais vu une telle profusion de fleurs. Il y en avait tant qu'on distinguait à peine les feuilles. Il en allait de même pour toutes ses plantes, du reste. Mais Elida avait vu qu'Alvar versait quelque chose dessus et on pouvait en conclure que leur luxuriance n'était pas due à la seule eau du puits.

L'après-midi, on frappa à la porte et Tilda et Elida se précipitèrent pour ouvrir. Leur sourire s'éteignit lorsqu'elles virent une femme d'une cinquantaine d'années sur leur perron. Elle portait un affreux petit chapeau et une vieille sacoche élimée.

— Je viens de la part des témoins de Jéhovah, annonça la femme en leur tendant un livret bleu.

— Ça ne nous intéresse pas du tout, répliqua Elida sur un ton déterminé. Nous avons notre propre foi, un point c'est tout.

— Mais ce livre est offert par le Dieu miséricordieux à tous ceux qui cherchent sa vérité qui dispense la vie. Vous voulez quand même vivre éternellement, non ?

— Oui, bien sûr, répondit Tilda, ce qui lui valut un coup de pied dans le tibia.

Puis Elida poussa presque la femme dans la cour avant de s'empresser de refermer la porte à clé.

— Pourquoi lui as-tu dit que nous voulions la vie éternelle ? s'enquit-elle avec colère.

— Mais c'est vrai, non ? s'étonna Tilda, qui ne comprenait pas.

— Tu ne te rends pas compte qu'il ne faut jamais leur donner raison ? Sinon, on ne peut plus s'en dépêtrer.

Les sœurs furent comme aimantées vers la fenêtre pour voir si la femme allait rendre visite à Alvar. Ce qu'elle fit évidemment. Alvar lui sourit et l'invita à entrer.

— J'espère qu'il a assez de jugeote pour rester sur ses gardes, s'inquiéta Tilda. On ne sait jamais avec ces illuminées.

Hormis la vieille pendule au-dessus de la banquette qui faisait entendre son tic-tac insistant, le silence régnait dans la cuisine et l'atmosphère était pesante. Leur cou déjà long tendu vers la fenêtre, les demoiselles avaient l'air d'un couple de cygnes. Au bout de vingt minutes de complète immobilité, on aurait presque cru que leur nuque s'était bloquée, que leurs vertèbres s'étaient déboîtées, mais soudain la tête de Tilda s'abaissa, tel un vérin une fois sa tâche accomplie. Oui, en toute franchise, elle tomba bien plus bas qu'elle ne l'aurait dû. Elle reposait presque sur ses épaules.

— Il ne peut quand même pas être comme ça, si ?

— Comme ça quoi ? s'irrita Elida.

— L'un de ces témoins de Jéhovah ! Il boit de l'alcool et il lui arrive de fumer le cigare…

— Certes, mais il ne fréquente pas les bonnes femmes, répliqua Elida sur un ton tranchant.

— Et *elle* alors ? lança Tilda, abattue, en désignant la maison d'Alvar.

Elida partit d'un tel rire que les nouveaux rideaux s'agitèrent.

— Tu ne crois quand même pas qu'il… enfin… avec elle ?

— Nous devrions peut-être aller nous installer sur le banc. L'été est presque fini et c'est à peine si nous en avons profité… suggéra Elida.

Toutes deux enfilèrent leur gilet et allèrent prendre place sur le banc.

— Il y a beaucoup de poires pour un mois d'août, commenta Elida.

— Oui, répondit Tilda d'une voix monocorde. Plus que l'année dernière.

— En revanche, les fraises n'étaient pas aussi bonnes, poursuivit Elida.

— Non, elles étaient meilleures l'an dernier, convint Tilda.

Bref, la conversation était laborieuse, peut-être parce que le banc ne bénéficiait pas de la bonne orientation, c'est le moins qu'on puisse dire. Elles tournaient le dos à la maison d'Alvar et étaient donc obligées de garder la tête dans un angle inconfortable sur la gauche pour surveiller la porte.

Si le forgeron Svensson n'avait pas reposé six pieds sous terre, il leur aurait dit qu'elles se comportaient comme des bécasses. C'était ce qu'il déclarait lorsqu'elles faisaient quelque chose qui ne lui plaisait pas. Une seule fois, il l'avait également dit à son épouse et avait en outre juré.

« Espèce de bécasse écervelée ! » avait-il crié, mais il faut préciser qu'elle avait coupé deux fois l'ourlet du même pantalon alors qu'elle préparait son nouvel habit du dimanche. Elle avait calculé qu'elle devait couper trois centimètres et s'était exécutée. D'abord sur la jambe gauche, puis au moment d'effectuer la même manœuvre sur la droite, elle s'était emmêlé les pinceaux et avait raccourci la jambe gauche de trois centimètres supplémentaires. Elle avait dû recoudre cette seconde bande, mais il ne s'était jamais senti à l'aise dans ce pantalon, non, vraiment pas.

— Tu as vu ? Le gros matou noir de Molin est dans les fleurs d'Alvar, s'alarma Tilda.

— Et il mange de la terre, ajouta Elida.

Elle se rappela alors la scène à laquelle elle avait assisté plus tôt et raconta à Tilda qu'Alvar avait mis quelque chose dans ses fleurs.

— C'est sans doute de l'engrais. Je me disais bien que ce n'était pas naturel.

Elles se turent soudain. Le chat n'avait-il pas un comportement étrange depuis qu'il avait mangé dans le pot ? Il se plaquait contre la pompe, se frottait contre le bord, faisait le dos rond et feulait comme un lynx.

— Il doit être vraiment malade, avança Tilda et, au même instant, le chat bondit dans l'herbe, se mit à se gratter, puis aperçut Majsan, la chatte d'Erlandsson.

La minette n'eut pas le temps de réagir que l'imposant matou se jeta sur elle, et ce qu'il fit embarrassa tant les demoiselles Svensson qu'elles en eurent le feu jusqu'aux racines des cheveux. Pour autant, elles ne détachèrent pas un instant les yeux de ce spectacle charnel. Une fois le matou parti, Majsan resta dans l'herbe, abasourdie, comme si elle n'avait pas eu le temps de comprendre ce qui s'était produit. Puis elle se faufila dans la haie d'un pas incertain, alors la porte d'Alvar s'ouvrit et le témoin de Jéhovah en émergea.

Les oreilles des demoiselles avaient beau presque former des cornets, elles ne distinguèrent pas ce qu'ils se disaient. Une fois la femme envolée, Alvar se rendit compte de la présence de ses voisines, leur fit un signe joyeux et se rapprocha de la haie pour les saluer.

— Merci beaucoup pour hier, déclara-t-il et il leur envoya un baiser par-dessus les troènes.

— Il n'y a vraiment pas de quoi ! répondirent les sœurs en chœur.

— Dire que ces créatures ont le droit de se promener en toute liberté ! s'exclama Alvar en riant, le doigt pointé dans la direction où la femme avait disparu.

— Ah oui, celle-là, commenta Elida, soulagée.

— Mais je trouve ça amusant d'argumenter avec eux, de les mettre au pied du mur et de les forcer à s'expliquer. La vie éternelle, quel baratin !

— Oui, approuva Tilda tandis que le regard d'Elida la transperçait.

Elles ne mentionnèrent ni les fleurs ni les chats, car leur cœur battait encore la chamade après ce qu'elles avaient vu.

— Le samedi, elles sont légales, déclara soudain Alvar et les demoiselles en eurent le souffle coupé.

Cette femme avait-elle une amie ? Elles s'étaient trompées sur le compte d'Alvar. *Légales*, comme c'était vulgaire ! Leur humeur s'assombrit de nouveau.

— Les écrevisses. Leur pêche est autorisée le samedi, ajouta Alvar en voyant la mine déconfite de ses voisines.

Les sœurs poussèrent un soupir de soulagement.

— Tu penses qu'il mange des écrevisses aussi, Alvar ? demanda Elida dans le noir, tandis qu'elle attendait Tilda devant les toilettes le soir. Oui, elles y allaient toujours ensemble après le dîner. On ne sait jamais, la nuit, vu tous les gens louches qu'il y avait à Borrby l'été.

— C'est bien possible, répondit Tilda en gémissant et elle se dit que c'était une chance qu'il fît noir, car cela lui évitait de voir si elle saignait. Ses hémorroïdes commençaient à aller mieux, mais ce soir-là, elles étaient un peu douloureuses.

Lorsqu'elles eurent toutes les deux soulagé leurs besoins, elles regagnèrent la cuisine chaude côte à côte. Elles plièrent soigneusement leurs gilets tricotés main, les glissèrent dans leurs sacs en plastique et les rangèrent dans le coin de la cuisine.

Ces plastiques servaient avant tout de protection contre les mites. Certes, elles n'avaient pas vu de mites depuis une trentaine d'années, mais les demoiselles Svensson faisaient preuve de prudence et prenaient soin de leurs affaires.

Ce soir-là, elles eurent du mal à trouver le sommeil, mais il faut dire que la journée avait été mouvementée, entre le témoin de Jéhovah et la frénésie amoureuse du chat. Il y a quelque chose de vivifiant dans les fleurs d'Alvar, songea Tilda à l'instant où ses paupières s'abaissaient. Dehors, l'été touchait à sa fin. Le vent agitait les dernières fleurs des buissons et les poires d'août étaient presque blettes sur les branches. La porte des cabinets grinçait au vent. Bien sûr, elles mettaient toujours le crochet, mais il était long et laissait un interstice si bien que les courants d'air pouvaient s'y engouffrer. Dans la cuisine, la plaque du poêle émit trois craquements, ce qui signifiait qu'elle avait commencé à refroidir. Sous leur couverture de laine, Tilda et Elida portaient leur chemise de nuit en flanelle fleurie qui leur descendait jusqu'aux pieds et chacune d'elles souriait de toutes ses gencives dans son sommeil.

7

Le lendemain, Rutger leur téléphona pour leur annoncer que l'automne était arrivé. Il leur rappela la corvée de déneigement qui les attendait bientôt, la difficulté de garder la maison chaude et l'obligation d'aller puiser de l'eau jour après jour. Tout ce qu'il considérait jusqu'alors comme charmant s'était transformé à ses yeux en des obstacles insurmontables pour ses sœurs. Elida préféra le laisser déverser son fiel sur Borrby plutôt que d'entrer dans son jeu et, lorsqu'il eut fini, il lança :

— Allô ? Tu es toujours là, Elida ?

— Oui, oui, je suis là et j'ai l'intention de rester ici jusqu'à ma mort. Comme ça, tu le sais.

— Mais !

— Si tu appelles uniquement pour débiter ce genre de sornettes, tu peux t'abstenir.

— Mais enfin, c'est pour votre bien.

— Nous savons ce qui est bon pour nous, alors nous restons.

Pour la première fois lors d'une conversation avec sa sœur, Rutger se sentit quelque peu déconcerté. Son ton n'était-il pas devenu plus tranchant ces derniers temps ? Mais le pire, c'est qu'il avait promis à son épouse que dès l'été suivant, ils pourraient s'installer dans leur nouvelle résidence secondaire. Il avait toujours possédé un pouvoir magique sur ses sœurs. D'habitude, elles lui faisaient confiance et obtempéraient. Soudain, il comprit qu'il était inutile de continuer à discuter.

— Et les douleurs de Tilda ? s'enquit-il.

— Eh bien, elle ne s'en plaint pas alors je suppose qu'elles n'ont pas dû empirer, répondit Elida.

Rutger sentit qu'il devait aborder un sujet plus neutre pour arrondir les angles.

— Et les fruits et les baies ?

— Oh, il y a beaucoup de poires cette année. Par contre, pour les fraises, c'est comme ci comme ça. Cela dit nous ne nous plaignons pas. Nous avons absolument *tout* ce dont nous avons besoin.

— Tu passeras le bonjour à Tilda, conclut Rutger.

Après avoir raccroché, il se cala contre le dossier du grand siège en cuir de son bureau de rédaction. Sur le grand plateau en acajou devant lui étaient déjà étalés les plans de rénovation de la maison familiale. Des plans indiquant quelles cloisons seraient déplacées, l'emplacement du poêle, celui du sauna à l'extérieur et du coin buanderie. Il lâcha un gros soupir et comprit que l'ascendant qu'il avait sur ses sœurs déclinait, même s'il ne saisissait pas pourquoi. Peut-être commençait-il à se faire vieux et sa voix avait-elle perdu de son assurance, ou alors ses sœurs devenaient séniles et n'appréhendaient plus ce qu'il leur disait. Enfin, quoi qu'il en soit, c'était ainsi et comprenait qu'il n'y aurait en définitive pas de résidence secondaire l'été suivant.

L'appel de Rutger inquiéta les sœurs et elles passèrent une bonne partie de la journée à discuter de l'éventualité que leur frère puisse faire main basse sur leur propriété par des moyens légaux. Ce n'est qu'après avoir sorti le certificat de propriété jauni et d'autres pièces qu'elles se sentirent rassurées. Oui, presque d'humeur combative. Elles pouvaient désormais défendre leurs droits et disposaient même de papiers pour le faire. L'après-midi, Tilda et Elida se rendirent à l'épicerie. Même si elles n'avaient pas besoin de grand-chose pour leur petit ménage, elles faisaient leurs courses tous les jours.

Elles y goûtèrent un morceau de fromage extra-vieux. Il était si fort que leur langue se révulsait presque et elles décidèrent donc d'acheter une variété plus douce.

Alors qu'elles tâtaient les pains de leurs longs doigts fins pour trouver le plus frais, Alvar entra. Il ne vit pas ses voisines et se dirigea droit vers le comptoir.

— Serait-il possible de commander quatre caques d'écrevisses pour samedi ? Et je veux qu'elles soient suédoises.

Elida fut si déboussolée par ce qu'elle venait d'entendre que son doigt transperça l'emballage plastique de l'un des pains et s'enfonça à moitié dans la mie tendre.

— Quatre caques, lui chuchota Tilda. Dans ce cas, il va sans doute avoir des invités.

— Chut ! siffla Elida.

Tilda avait du mal à chuchoter depuis qu'elle portait un dentier. Elle produisait un son sifflant si bien qu'on entendait parfaitement ce qu'elle disait.

— Et dix pains-surprises, si c'est possible, reprit Alvar poliment.

Le commerçant acquiesça et nota.

Alors Alvar repéra ses voisines.

— Mais que vois-je là ? Seraient-ce mes charmantes voisines en train de faire leurs emplettes ? Vous tombez bien, car je voulais vous demander si vous me feriez l'honneur de venir à une petite fête des écrevisses dans mon jardin, samedi, à 19 heures.

— Ooh ! s'exclamèrent Tilda et Elida simultanément. Avec plaisir !

Et lorsqu'elles remontèrent la rue du village pour rentrer chez elles, on aurait vraiment dit qu'elles avaient toutes les deux grandi de plusieurs centimètres.

— Imagine la tête de Karna Bengtsson, si elle savait que nous sommes invitées à une fête des écrevisses chez Alvar Klemens, le directeur de bureau, déclara Tilda.

— Ah oui, ça lui rabattrait son caquet, à cette Karna Bengtsson, convint Elida. Elle s'est toujours montrée si hautaine, mais là, nous l'avons remise en place et pas qu'un peu.

Cependant les demoiselles Svensson n'éprouvaient pas que de la joie, car une petite pointe d'inquiétude s'était glissée dans leur esprit euphorique.

— Qui seront les autres invités, à ton avis ? s'enquit Tilda.

— Oui. Quatre caques, c'est beaucoup.

— Et puis, on ne sait pas comment elles se mangent.

S'il n'y avait pas eu la conversation téléphonique du matin, elles auraient pu appeler Rutger pour lui poser la question, mais elles décidèrent de se débrouiller toutes seules. Après tout, elles n'étaient pas idiotes et elles pourraient observer en douce comment les autres faisaient.

— Nous devrions peut-être nous trouver une nouvelle robe pour la fête, suggéra Elida plus tard dans la soirée.

— Tu es folle ou quoi ? protesta Tilda. Nous venons d'en acheter.

Bon, Tilda avait sans doute raison, se dit Elida. Mais elles ne manquaient pas d'argent, elles auraient très bien pu se le permettre.

Une chose inquiétait les sœurs à l'approche de la fête : cet autre truc qu'Alvar avait commandé. En dix exemplaires. Du pain sur ou quelque chose comme ça. Elles consultèrent le vieux dictionnaire de leur père, mais ne trouvèrent rien qui correspondait.

— Nous verrons bien, finit par déclarer Tilda sur un ton qui se voulait rassurant.

Les demoiselles Svensson avaient le sentiment d'avoir gagné en valeur ces derniers temps. Alvar leur demandait souvent conseil sur différents sujets. Par exemple, comment conserver ses baies et tailler ses fruitiers à l'automne. Les sœurs s'empressaient de partager leur expertise et elles étaient fières de savoir des choses que leur voisin ignorait.

Alors qu'elles effectuaient leurs préparatifs pour aller se coucher, elles virent Alvar s'approcher de leur maison. Tilda et Elida se précipitèrent vers le gobelet posé sur le fourneau et se hâtèrent de remettre leur dentier. Il leur avait rendu visite plusieurs fois ces derniers temps et, désormais, il se contentait de frapper trois fois à la porte avant d'entrer. Il estimait qu'il était inutile qu'elles abandonnent ce qu'elles étaient occupées à faire pour venir lui ouvrir. Ce soir-là, il posa un beau pantalon sur la nappe à carreaux et désigna une grosse tache sur l'une des jambes.

— J'ai tout essayé, mais on dirait que c'est imprégné dans le tissu.

Les sœurs examinèrent la tache et la grattèrent avec précaution du bout de leurs ongles.

— Je me suis dit, enfin, vous avez la solution à presque tout, reprit Alvar.

— C'est vrai que nous avons toujours nos petits trucs à nous, confirma Elida – mais ce problème-là ne paraissait pas simple.

Elle remua ses méninges en fixant la tache.

— Vous trouvez peut-être que je vous dérange trop souvent ? demanda Alvar.

— Mais non, pas du tout. Bien au contraire, contra Tilda. Tes visites nous font plaisir.

— Oui, mais je vous donne du travail, protesta Alvar.

— Une distraction qui tombe toujours à point, le rassura Elida qui avait déjà entrepris de confectionner une mixture devant la vasque.

Tilda prépara du café tandis qu'Alvar, impressionné, observait Elida mélanger différents ingrédients dans un petit saladier.

— C'est notre mère qui nous a appris ça, commenta-t-elle, et rares sont les taches qui résistent à ce mélange une fois qu'on l'a laissé agir sur le tissu quelques instants.

— Du dentifrice ! s'exclama Alvar.

— Oui. Enfin, pas tout à fait, le corrigea Elida avec fierté. Du dentifrice, une cuillerée de sel et un peu de savon. En général, c'est efficace.

Elida étala soigneusement le mélange sur la tache.

— Voilà, il ne reste plus qu'à attendre que ça fasse effet.

Pendant ce temps, Tilda avait servi le café et les biscottes et une agréable odeur flottait dans la cuisine.

— Nous n'avons pas grand-chose à offrir, mais c'est de bon cœur, déclara Tilda.

— Un café du soir, ça ne se refuse pas. Vous me gâtez trop. Je ne sais pas comment je vais me débrouiller tout seul quand je vais retourner en ville.

Tilda et Elida sourirent de tout leur dentier. Elles se sentaient utiles, ce qui était nouveau pour elles, et cela leur procurait un immense plaisir.

— Prends des biscottes, si tu veux, l'invita Elida, et ils furent bientôt tous les trois en train de tremper des biscottes dans leur café.

Alvar appréciait la relation sans chichi qui s'était développée entre eux. Il appréciait le calme du village et il appréciait les demoiselles Svensson, cela ne faisait aucun doute.

— Ces tasses ne sont pas ordinaires, commenta-t-il. Elles sont anciennes ?

— Elles doivent avoir au moins 50 ans, répondit Elida, et elles possèdent leur propre histoire.

Amusée, elle se tourna vers Tilda, qui baissa les yeux, manifestement embarrassée.

— Tiens donc, réagit Alvar en arrêtant de mâcher.

Les deux demoiselles se mirent à pouffer comme des écolières, et Alvar éclata lui aussi de rire, même s'il ignorait de quoi il retournait.

— Allez, racontez ! lança-t-il avec impatience.

— Mon Dieu, c'est gênant... fit Tilda.

— Ah, mais ça remonte à si longtemps, la rassura Elida pour l'encourager.

— Bon, je me lance, commença Tilda en hésitant. Seigneur ce que j'ai honte !

— Quand on commence, il faut finir, insista Elida, et Tilda raconta l'histoire des tasses.

— Lorsque j'aidais en cuisine lors des grandes fêtes du village, on me donnait un petit pourboire. Je devais avoir une vingtaine d'années et j'avais commencé à constituer mon trousseau. À l'époque, il y avait un beau magasin qui vendait des articles ménagers au village et ils venaient de recevoir ces tasses anglaises. Elles étaient très chères et j'étais obligée de les acheter une par une. La propriétaire du commerce était ce qu'on appelle une commère. Elle était au courant de tout ce qui se passait. Mais en affaire, c'était la gentillesse incarnée. Seules moi et une autre fille du village collectionnions ces tasses véritablement hors de prix. Après l'un des grands banquets de Noël, je m'apprêtais à aller acheter ma sixième tasse avec l'extra que j'avais gagné. « Tu auras bientôt la douzaine », me dit Mme Björk, la commerçante. Elle me répétait ça depuis que j'étais allée chercher ma troisième tasse. « Nous verrons, répondis-je, comme d'habitude. Ce n'est pas pour tout de suite, car elles ne sont pas données. » Puis je suis rentrée à la maison avec ma tasse emballée dans sa petite boîte.

Alvar attendait la suite, les yeux posés sur Tilda.

— Je n'ai pas ouvert la boîte pour mettre la tasse avec les autres avant la nouvelle année et c'est là que je me suis aperçue de l'effroyable erreur. Mme Björk n'avait pas vu qu'il y avait deux soucoupes dans la boîte. Je me souviens que j'étais mortifiée. J'avais l'impression d'être une voleuse. Ensuite, je me suis dit que ces tasses n'étaient pas banales et que nous n'étions que deux à les collectionner. Mme Björk qui était sans cesse en train de jaser avait peut-être déjà raconté à tout le village que j'étais une voleuse. J'ai donc décidé d'aller lui rapporter la soucoupe dès le lendemain, mais mes cousins sont venus nous rendre visite et j'ai complètement oublié. Cette soucoupe ne m'est revenue à l'esprit qu'un mois plus tard et, à ce moment-là, j'ai réalisé qu'il était trop tard. Je n'osais tout simplement pas me rendre au magasin. Toutefois, cette histoire m'obnubilait. Parfois, je me réveillais la nuit, parce que j'avais rêvé que la police venait m'arrêter. Et puis, je ne savais pas où me tourner pour compléter ma douzaine, car il était impossible de trouver ces tasses ailleurs et je savais que je n'oserais plus jamais franchir la porte du magasin.

— Et que s'est-il passé ensuite ? s'enquit Alvar pour la presser de lui révéler la chute, dont il se doutait qu'elle approchait car Elida avait du mal à se retenir de rire.

— À Pâques, à la Pentecôte et à la Saint-Jean, j'ai travaillé, mais aucune de ces trois fois, je n'ai osé aller acheter une tasse avec l'argent que j'avais gagné. Puis à Noël, j'ai commencé à redouter qu'il n'y en ait plus et que Mme Björk n'en commande pas d'autres. Alors je me suis dit que ça passait ou ça cassait, et je me suis rendue au magasin. Je tremblais de tout mon corps lorsque j'ai poussé la porte et pendant que j'attendais mon tour. Soudain, j'ai entendu la voix de Mme Björk chuchoter à mon oreille. Je me suis dit que ça y était, qu'elle me le disait, et j'ai failli m'évanouir. Mais ensuite, j'ai senti qu'elle mettait un objet froid dans ma main, puis elle s'est penchée plus près. « Vous voyez, mademoiselle Svensson, il s'est produit une erreur dans la livraison et j'ai reçu une tasse sans soucoupe, alors je me suis dit que je pouvais autant vous la donner. » Je n'ai pas répondu. J'avais l'impression que le sol s'était ouvert sous moi et tout tanguait. « Cela pourrait vous servir d'avoir une tasse en plus au cas où vous en casseriez une ! » Je me suis donc retrouvée avec une belle tasse toute neuve à la main. La soucoupe était à la maison et je n'arrivais pas à dire quoi que ce soit…

Alvar éclata de rire, à tel point qu'elles crurent qu'il allait s'étouffer. Tilda et Elida s'esclaffèrent elles aussi si fort que les larmes se mirent à couler sur leur visage ridé. Ils ne pouvaient plus s'arrêter et on n'avait sans doute jamais autant ri entre les murs de la petite cuisine. Alvar gémit :

— Je n'ai jamais rien entendu d'aussi drôle !

Il essuya les gouttes de sueur qui avaient perlé sur son front et leva sa tasse.

— Elles sont vraiment belles !

— Et j'ai fini par en avoir une douzaine, conclut Tilda, même si elles n'ont jamais quitté le 13/83 de Borrby, parce que je ne me suis jamais mariée.

Elle ne prononça évidemment pas ces derniers mots à voix haute.

— Bon, voyons ce que devient ce pantalon, intervint Elida.

Elle alla chercher une brosse à ongles et brossa le mélange qui avait séché, précautionneusement. Bingo ! La tache avait disparu.

— Mais regardez-moi ça ! s'étonna Alvar. Plus la moindre trace.

— Oui, c'est vraiment efficace, confirma Tilda et ils éclatèrent de nouveau tous les trois de rire.

Elida trempa le coin d'un mouchoir dans un peu d'eau tiède de la bouilloire et tamponna le pantalon pour retirer le reste de la crème miracle.

— C'est bien ce que je disais, commenta Alvar. Je ne sais vraiment pas comment je vais me débrouiller tout seul quand je serai de retour en ville.

Après le départ d'Alvar, les sœurs restèrent un long moment assises à la table de la cuisine. Elles discutèrent du vide qu'elles ressentiraient quand Alvar rentrerait chez lui, mais il restait encore dix jours, alors elles décidèrent de ne pas ruminer à ce sujet pour l'instant. Cela arriverait bien assez tôt.

De fait, toutes deux ressentaient quelque part, tout au fond d'elles, que l'hiver serait différent des autres d'une manière ou d'une autre. Mais c'était peut-être une chance d'ignorer en quoi.

8

Le samedi arriva, accompagné d'un soleil radieux et même la chaleur était de retour – pas pour rester, car tout le monde savait que l'été avait atteint son terme, mais ce soir-là, les dieux de la météo se montraient magnanimes et tous s'en réjouissaient.

Rutger appela ses sœurs dans l'après-midi pour prendre de leurs nouvelles.

— Merci, nous allons bien, répondit Elida, mais nous sommes un peu pressées, parce que nous sommes invitées à une fête des écrevisses chez Alvar Klemens, le directeur de bureau.

— Où ça ?

Elida dut répéter ce qu'elle venait de dire, mais Rutger ne semblait toujours pas avoir compris.

— Est-ce que tu peux me passer Tilda, parce que ça fait un sacré bout de temps que je ne lui ai pas parlé.

En toute franchise, ce n'était pas la véritable raison pour laquelle il voulait parler à Tilda : il pensait qu'Elida avait perdu la tête, et il se disait qu'elles ne pouvaient quand même pas dérailler toutes les deux en même temps.

— Elle est occupée à se friser les cheveux, expliqua Elida.

Là, elles ont vraiment complètement perdu les pédales, pensa Rutger. Il va falloir que je me rende sur place pour voir ce qu'il en est.

— Nous t'appellerons demain, ajouta sa sœur avant de raccrocher.

Rutger resta un long moment avec le combiné dans la main.

— Qu'est-ce qui se passe, mon chéri ? s'inquiéta Marianne, son épouse.

— C'est Tilda et Elida. Elles ont complètement perdu la boule.

— Comment ça ? s'enquit-elle tout en laquant ses longs ongles d'un rouge agressif.

— Elles se rendaient à une fête des écrevisses chez un directeur de bureau du nom de Klemens et Tilda était en train de se boucler les cheveux, alors elles n'avaient ni l'une ni l'autre le temps de me parler.

— Mais c'est très bien, répondit Marianne, visiblement soulagée. Si elles sont démentes, nous allons pouvoir nous servir de l'HDT et la maison sera à nous.

— L'HDT ? Qu'est-ce que c'est ?

— L'hospitalisation à la demande d'un tiers. Si nous pouvons prouver qu'elles sont séniles au point de ne plus pouvoir prendre soin d'elles-mêmes, un médecin pourra remplir un certificat, tu deviendras leur curatelle et tout ça. Tu comprends, mon chéri ?

Oui, Marianne avait une formation dans le domaine médical alors elle savait de quoi elle parlait.

Elle s'avança vers son mari et passa ses longs ongles dans sa chevelure clairsemée.

— Ça m'arrangerait qu'elles soient folles, mais je n'y crois pas. C'est autre chose, déclara Rutger.

— Comment ça ?

— Je ne sais pas, en tout cas il y a quelque chose qui cloche. Se friser les cheveux !

Rutger gloussa.

— Elles ne se sont jamais souciées de leur apparence quand elles étaient jeunes, alors maintenant…

— Tu es surmené, Rutger, susurra Marianne. Tu es surmené et tu le sais. Nous pourrions partir en France, sur la Côte d'Azur, juste toi et moi.

— Je ne peux pas prendre de congés maintenant, Marianne, tu le sais très bien, répliqua Rutger sur un ton irrité avant de se servir un grand grog.

— Mais pense à la Côte d'Azur, au soleil, aux baignades ! Rutger, tu ne peux pas prendre quelques jours ? Cela te ferait le plus grand bien, même physiquement.

— JE N'AI AUCUN PROBLÈME PHYSIQUE ! hurla Rutger en reposant son verre avec une telle violence que le liquide gicla sur le plateau en verre fumé.

Le corps de Rutger était un sujet sensible ces derniers temps. Ce n'était pas que Marianne se plaigne ouvertement de ses performances dans leur lit king size, mais elle lui avait demandé plusieurs fois s'il avait un problème ou une maîtresse. Lorsqu'elle lui avait posé la question, Rutger avait été heureux de pouvoir la regarder dans les yeux et de l'assurer qu'elle était la seule femme dans sa vie. Mais bien sûr, ses défaillances inquiétaient beaucoup Rutger et il était en outre fatigué et plus sensible qu'à l'accoutumée à cet instant-là.

— Ce n'était pas ce que je voulais dire, s'excusa Marianne lorsqu'elle se rendit compte qu'elle avait de nouveau appuyé là où ça faisait mal. Ce n'est pas un souci que tu commences à vieillir.

— JE NE SUIS PAS VIEUX ! rugit Rutger en claquant de nouveau son verre sur la table.

— Mais enfin, Rutger...

— Je ne suis pas vieux ; je ne suis pas impuissant et je n'ai pas l'intention d'aller sur la Côte d'Azur !

Rutger emporta son verre, gagna son bureau et ferma la porte à grand bruit. De plus, il la verrouilla, ce qu'il n'avait pas fait depuis de nombreuses années. Pas depuis cette histoire avec sa secrétaire. Voyons voir, cela remontait à au moins quinze ans. À cette époque, il arrivait à Rutger de s'enfermer pour pouvoir réfléchir et rêver en paix.

Marianne pensait alors qu'il avait rapporté du travail, et les enfants et elle s'efforçaient d'être aussi discrets que des souris pour ne pas le déranger. Et voilà qu'il était de nouveau seul avec son grog, mais cette fois, il avait la conscience tranquille, car il était resté fidèle à Marianne depuis cette liaison, aussi courte qu'intense, avec sa secrétaire.

Oui, à l'époque, il assurait, tant à la maison, dans le lit king size, qu'à côté, pour ainsi dire. Bon, pas à côté du lit, mais en parallèle, dans d'autres lits : il ne fallait pas le lui dire deux fois alors, mais aujourd'hui il se sentait comme une vieille vache mollassonne. Pour autant, il savait que la Côte d'Azur ne résoudrait pas son problème et il n'éprouvait aucune attirance pour une autre femme, ce qui aurait pu raviver sa flamme, comme c'était généralement le cas dans de telles situations. Il fallait qu'il fasse quelque chose, car sa confiance en lui commençait à s'éroder, ce qui l'effrayait plus que tout. Il termina son verre d'un trait et sentit le breuvage fort disparaître dans sa gorge. Ce n'était pas seulement ce problème d'impuissance qui perturbait Rutger. Il avait également remarqué qu'il buvait de plus en plus souvent. Il avait toujours bu, mais avant il savourait ses grogs, se délectant de leur saveur. Au cours des six derniers mois, comme il venait de le faire, il les avait avalés cul sec et n'en avait même pas senti le goût, juste apprécié la sensation de bien-être qui s'ensuivait, lorsque son corps devenait lourd et se détendait. Rutger essaya de chasser ces pensées sinistres en regardant par la grande baie qui donnait sur le jardin. Tiens, c'était sans doute dû à l'arrivée de l'automne, mais cette journée de fin d'été était radieuse. Le crépuscule tombait vite le soir ; les jours raccourcissaient et la grande lune ronde d'août se montrait déjà dans le ciel.

La lune ne diffusait pas seulement sa clarté sur Rutger et Marianne à Orebro, mais également sur la petite bourgade de Borrby. Et la lune n'était pas la seule à briller en ce soir d'août. Les demoiselles Svensson rayonnaient d'excitation et d'impatience. Les lanternes dans le jardin d'Alvar scintillaient et c'était une soirée féerique.

À 18 h 56 précises, les souliers beiges à bouts ouverts se dirigèrent vers la maison d'Alvar Klemens. Les pas étaient plus hésitants que d'habitude. On aurait dit que les chaussures insistaient pour rentrer à la maison, mais que le cerveau remportait le combat. La majeure partie des demoiselles Svensson voulait vraiment se rendre à la fête si bien que leurs cellules grises envoyaient des petites impulsions dans leur corps *via* leur système électrique et en conséquence, leurs pieds, bien que réticents, atteignirent la demeure d'Alvar Klemens à 19 heures tapantes.

Certains invités étaient déjà arrivés, ce que Tilda et Elida avaient constaté par la fenêtre de leur cuisine, mais aucun visage ne leur était familier, ce qui signifiait qu'il n'y avait personne d'autre de Borrby où tout le monde connaissait tout le monde.

Leur hôte se précipita à leur rencontre et alla jusqu'à les étreindre pour les accueillir, ce qui procura une sensation de vertige aux deux sœurs. Il les présenta ensuite aux invités déjà présents. Il y avait un couple d'une cinquantaine d'années d'Ystad, une ville à quelques kilomètres de Borrby, des gens qu'Alvar avait rencontrés lors d'un voyage à l'étranger. Elles saluèrent également un couple plus jeune, une nièce d'Alvar accompagnée de son mari, ainsi que le frère d'Alvar, qui était un peu plus âgé que lui et arborait une barbe grise fort élégante. Alvar se rua ensuite dans la maison tandis que ses invités continuaient à discuter dans le jardin.

— C'est vraiment une bonne chose que vous habitiez ici et veilliez sur Alvar, déclara le frère aîné à Tilda et Elida.

Il s'appelait Ove et ses yeux exprimaient la même gentillesse que ceux de leur voisin.

— Il est si maladroit et manque tellement de sens pratique que c'est rassurant de savoir que vous êtes à deux pas.

Les sœurs comprirent que leur nouvel ami avait parlé d'elles en bien et cela leur fit chaud au cœur.

— Mais de quoi tu te mêles, intervint Alvar en donnant un petit coup de poing à son frère pour plaisanter. Tenez. Un apéritif pour ouvrir la voie à ce qui va suivre.

Il leur tendit un petit plateau en laiton sur lequel étaient posés des petits verres.

Tilda se demanda s'il s'agissait de cette tisane dont elle avait oublié le nom, celle qu'Alvar leur avait servie la première fois qu'elles lui avaient rendu visite.

— Santé et bienvenue, mes amis ! lança Alvar. Inga et Gösta sont comme toujours en retard, mais les écrevisses ne peuvent devenir plus froides qu'elles ne le sont déjà, alors ce n'est pas un problème.

Tous trinquèrent et éclatèrent de rire. Tilda regardait de plus en plus souvent en direction de la rue dans l'espoir que Karna Bengtsson ou un autre habitant du village passe et les voie. Malheureusement, Borrby paraissait inhabituellement calme ce soir-là, jusqu'à ce que trois coups de klaxon déchirent soudain le silence de l'autre côté de la haie.

— Ah, les voilà ! s'exclama Alvar en posant son plateau pour aller accueillir les retardataires.

Inga et Gösta firent une entrée remarquée. Inga avait des cheveux roux tombant jusqu'aux épaules, un pantalon blanc moulant, des chaussures à talons et un chemisier si décolleté que Tilda décida sur-le-champ de ne pas l'apprécier. Gösta portait lui aussi un pantalon blanc et fumait un gros cigare.

Une fois les verres bus, tout le monde s'installa autour de la belle table. Alvar avait posé de charmants chapeaux en papier à côté des assiettes et sur chacun d'entre eux était inscrit le nom d'un de ses convives.

Elida était placée près d'Alvar, ce qui lui procura un sentiment de joie et de fierté. Elle nota que Tilda faisait la moue, mais ce n'était pas elle qui avait décidé de sa place à table, aussi n'avait-elle pas besoin d'avoir mauvaise conscience. Tilda avait Gösta pour voisin et n'était donc pas privée de compagnie masculine.

Inga faisait face à Tilda, qui eut donc la possibilité de l'observer de plus près. Son visage ressemblait à une palette. Du bleu sur les paupières, du rouge sur les joues et du rose pâle sur les lèvres. Ses ongles étaient longs et laqués de rouge, et ses doigts couverts de bagues de toutes formes. Elle arborait également un bracelet en or, mais rien de tout cela n'impressionna Tilda.

« Une bonne femme hystérique », aurait commenté le forgeron Svensson s'il avait encore été en vie. Tilda pensait de même. Inga refusa de mettre son chapeau comme les autres. Sa chevelure rousse formait comme une auréole autour de sa tête et elle aurait sans doute eu le plus grand mal à passer le chapeau de clown pointu sur sa tignasse. Mais elle aurait au moins pu essayer, étant donné qu'Alvar avait acheté ces chapeaux, se dit Tilda.

Tandis qu'ils s'installaient, Alvar leur servit du schnaps. Ses hémorroïdes faisaient encore souffrir Tilda qui estima donc qu'elle pouvait s'accorder une petite lichette à des fins médicales, pour ainsi dire. Elida protesta vigoureusement pour sa part, mais Alvar lui répondit qu'il était dangereux de manger des écrevisses sans les accompagner d'une boisson forte pour les faire descendre, si bien qu'Elida finit par accepter aussi. Il faudrait que Rutger nous voie, songea Elida tandis qu'elle dégustait ses écrevisses. Tilda et Elida s'étaient mises à observer les autres invités dès que Alvar les avait servies, et leurs craintes de ne pas parvenir à les manger s'étaient révélées parfaitement infondées.

Tilda et Elida restèrent la majeure partie du temps silencieuses pendant le repas. Les autres convives parlèrent de leurs voyages à l'étranger, de leurs résidences secondaires et de leurs petits-enfants, mais les sœurs n'en souffraient pas. Bien au contraire, cette compagnie et le fait de manger des écrevisses les comblaient. Bon, elles n'en appréciaient pas le goût, mais quand même, c'était un événement. Tilda prit un deuxième schnaps au cas où et Elida eut beau décliner, Alvar remplit d'office son verre. Inga en buvait beaucoup quant à elle et sa crinière était de plus en plus folle. Quand le plat fut presque vide, la nuit était tombée. Les lanternes étaient vraiment du plus bel effet dans la pénombre. Des papillons de nuit et autres petits insectes ne cessaient de se jeter contre le papier pour s'approcher le plus possible de la lumière. L'humidité gagnait peu à peu, mais si on restait à sa place sans se lever, on ne s'en apercevait pas.

Les journées avaient beau être encore belles, l'automne arrivait inexorablement. Tilda et Elida n'avaient rien contre cette saison, mais Alvar allait bientôt retourner en ville et cela leur faisait mal.

Au bout d'un moment, l'obscurité et l'humidité s'étaient intensifiées au point qu'ils furent obligés de se réfugier dans la petite maison. Tilda, Elida et les autres aidèrent à débarrasser, mais Inga alla directement se mettre au chaud. Les demoiselles Svensson virent par la fenêtre qu'Alvar était en train de préparer le café dans la cuisine. Elles virent également qu'Inga l'y avait rejoint et qu'elle faisait la roue comme un paon pour lui. La chaleur avait fait retomber ses cheveux qui paraissaient collants et emberlificotés. Ses lèvres, roses auparavant, avaient repris leur couleur normale.

Au moment où Tilda et Elida emportèrent les derniers couverts, elles virent trois lapins dans l'herbe. En soi, cela n'avait rien d'inhabituel, mais l'un des rongeurs mangea quelque chose dans la jardinière qu'Alvar avait garnie de beaux pétunias… et patatras, il se produisit la même chose qu'avec le matou de Molin. Dans un premier temps, l'animal parut pétrifié, puis il s'ébroua avant de filer d'un trait. Tilda et Elida savaient ce qui allait se produire – et cela se produisit. De fait, le lapin se jeta tour à tour sur ses deux congénères et les pilonna de coups de reins frénétiques. Puis il se remit à gambader avant de répéter la manœuvre. Tilda et Elida restèrent médusées. Tilda avait plusieurs assiettes en carton chargées de carcasses d'écrevisses dans les mains et, totalement absorbée par ce spectacle, elle les inclina. Du jus coula alors le long de son bras et à l'intérieur de la manche de sa robe.

— Tu as vu ça ? demanda-t-elle à Elida.

— Ces fleurs ont quelque chose de particulier, répondit Elida et elle remarqua qu'elle avait du mal à garder son dentier en place. Le même phénomène s'était produit la fois où Alvar leur avait servi son alcool fort. On aurait dit que non seulement son corps se détendait, mais que ses gencives rétrécissaient aussi et que son appareil devenait trop grand.

— Mais qu'est-ce que vous faites là, dans le noir ? lança soudain Alvar juste à côté de Tilda.

Elle fut si effrayée que les assiettes cabriolèrent dans ses mains et qu'une tête d'écrevisse manqua de se retrouver dans sa manche.

— Je commençais presque à m'inquiéter, reprit-il.

Même si elles savaient qu'Alvar ignorait tout du spectacle auquel elles venaient d'assister, les deux sœurs étaient toutes gênées.

— Nous allions rentrer, zézaya Elida et ils se dirigèrent tous les trois vers la maison.

Les demoiselles Svensson ne regagnèrent leurs pénates qu'à 1 h 30. Elles étaient euphoriques, mais très fatiguées. Ni l'une ni l'autre ne se souvenait de la dernière fois qu'elles s'étaient couchées si tard.

La température était glaciale dans la cuisine. Le feu s'était éteint depuis longtemps, mais elles ne semblaient sentir ni le froid ni l'humidité. Elles ne se dirent pas grand-chose ce soir-là, mais ouvrirent la banquette en silence et se glissèrent dans leur compartiment respectif. Pour la première fois de leur vie, elles avaient oublié de fermer les rideaux et la lune d'août inondait la cuisine de sa clarté féerique. Sur le séchoir que les sœurs installaient toujours au-dessus du fourneau pendaient deux grandes culottes roses ainsi que le torchon et le filtre à café qu'elles lavaient tous les samedis. Une légère senteur de crustacés se dégageait de la manche de la robe de Tilda et des relents d'alcool s'échappaient des bouches béantes des sœurs endormies pour aller se mêler aux autres odeurs de la cuisine.

9

Le jour que Tilda et Elida redoutaient depuis si longtemps finit par arriver, celui où Alvar devait retourner en ville.

Elles préparèrent leur petit déjeuner par habitude, mais elles restèrent assises à contempler le pot de confiture de groseilles à maquereau et le morceau de fromage acheté la veille. Elles demeuraient là, sans rien dire, tandis que les mouches dansaient autour de la nourriture. Tilda finit par se secouer et couper une tranche de fromage avant de la rouler et de la glisser dans sa bouche. Elle savait qu'Elida n'aimait pas cela, car elle considérait que c'était du gaspillage de manger une garniture sans pain et elle avait souvent rabroué sa sœur lorsqu'elle chapardait un morceau de fromage. Mais ce jour-là, Elida ne fit aucun commentaire et Tilda n'éprouva aucun plaisir à cette transgression. Non, elle sentit juste le fromage former une boule dans sa bouche.

Elida fixait le vide devant elle, l'air absent, puis elle prit le couteau à fromage, coupa deux tranches, les enroula et les fourra dans sa bouche. Tilda enregistra la scène en silence. Elle se dit qu'il se présenterait bien une autre occasion d'en discuter, car ce jour-là elle n'avait pas la force de lever un doigt réprobateur.

Une fois le petit déjeuner réglementaire achevé, elles rangèrent la nourriture sans rien dire. Elles n'avaient rien mangé d'autre que ces trois tranches de fromage. Elles n'avaient même pas touché au journal posé sur la table. Elles ignoraient complètement si un conflit nucléaire avait éclaté ou si quelqu'un de Borrby était mort. De toute façon, ça leur était égal. Un conflit nucléaire ne pouvait pas être pire que la situation présente ; il aurait même carrément été préférable, car alors Alvar serait peut-être resté à Borrby et ils seraient morts ensemble.

L'après-midi, Alvar vint saluer ses voisines. Elida était étendue sur la banquette et fixait le plafond, tandis que Tilda jouait au solitaire sur la table. Elles n'entendirent pas Alvar frapper à la porte et sursautèrent lorsqu'il les interpella soudain de sa voix claironnante depuis le seuil de la cuisine.

— Cela me déchire le cœur de devoir vous abandonner ici pour l'hiver, déclara-t-il sur le ton de la plaisanterie, mais je n'ai pas les moyens de m'offrir de gouvernantes en ville.

Tilda et Elida avaient bondi sur leurs pieds et étaient presque au garde-à-vous. Elles avaient honte à la pensée qu'Alvar les avait vues oisives un jour de semaine comme les autres.

— Bah, nous avons de quoi nous occuper, répondit Tilda en s'efforçant de sourire.

Alvar reprit son sérieux.

— C'était un bel été et ça va me paraître vide sans vous.

— Un petit café ? s'empressa de suggérer Elida pour repousser l'échéance.

— Non, merci. Il ne faut pas s'éterniser quand on vient dire au revoir, répondit Alvar. Tenez, de quoi tenir l'hiver, déclara-t-il en posant une grosse pile de journaux sur la table, et voici la clé si vous voulez bien vérifier que tout fonctionne dans la maison de temps à autre. Bon, j'ai coupé l'eau, mais on ne sait jamais. Cela me rassurerait si vous acceptiez de conserver le double de mes clés.

Les sœurs éprouvèrent une fierté sans bornes face à cette marque de confiance.

— C'est vrai qu'on ne sait jamais ce qui peut se produire par ici l'hiver, confirma Elida, comme si elle cherchait à se convaincre de la nécessité de garder ces clés.

— Voici mon numéro de téléphone au cas où il y aurait quelque chose, reprit Alvar.

Tilda, qui s'était postée près de la fenêtre, demanda tout à coup :

— Les pétunias vont rester dehors ?

— Oui, je me disais que c'était dommage de les jeter. Vous pouvez les mettre dans la remise à bois lorsqu'ils auront fini de fleurir.

— Ils sont beaux, insista Elida.

Car les sœurs avaient décidé de percer le mystère du terreau avant le départ d'Alvar.

— C'est vrai qu'ils ne font pas semblant de fleurir ! commenta Alvar.

— C'est du terreau acheté dans le commerce que tu mets dans tes jardinières ? s'enquit Tilda.

— Oui, avec un peu d'engrais en prime, déclara Alvar en riant.

Puis il s'avança pour étreindre Tilda.

— Prenez soin de vous.

— Toi aussi, répondit Tilda et elle sentit sa gorge se nouer.

Avant qu'il ne l'ait atteinte, Elida, qui avait compris que le temps leur était compté, demanda :

— Quel genre d'engrais ?

— Normalement, c'est un secret, mais à vous je peux le confier.

Sur ce, Alvar leur expliqua qu'il souffrait d'insomnies depuis quelques années, que pour éviter les somnifères il avait pris l'habitude de se préparer un café-goutte avant d'aller se coucher et qu'il avait fait nombre d'essais pour améliorer sa formule.

— N'en soufflez mot à personne, chuchota presque Alvar, et les sœurs osaient à peine respirer en attendant la suite... En fait, je mets un trait de vodka et un peu d'angostura dans l'eau de la cafetière. Ensuite, je mets mon café dans le filtre et je laisse l'alcool le traverser.

— Mais quel rapport avec les pétunias ? s'étonna Tilda.

— Eh bien, je jette parfois le marc dans mes fleurs.

Les sœurs en restèrent bouche bée. Alvar, lui, consulta l'heure.

— Bon, je voudrais être à la maison avant la tombée de la nuit, annonça-t-il avant de s'avancer vers Elida pour l'étreindre aussi. Je compte sur vous pour ne pas divulguer le secret de mon engrais. J'ai l'intention de déposer un brevet et de devenir millionnaire. Ensuite, je reviendrai vous chercher et nous nous tirerons en Floride !

Tilda et Elida éclatèrent de rire, mais leur sourire s'éteignit lorsque Alvar se dirigea vers la porte.

— Je vous appelle un de ces jours, conclut-il, puis ce fut le silence.

Lorsqu'il referma la porte, les sœurs eurent l'impression que leur vie venait de prendre fin. Tilda et Elida se pressèrent devant la fenêtre et aperçurent une dernière fois Alvar avant qu'il ne monte dans sa grosse voiture bleu marine. Dès que le véhicule eut disparu, Tilda se précipita aux toilettes. Elle y pleura longuement, pour la première fois depuis longtemps. Le vent automnal s'engouffrait entre les planches du cabanon ; il s'immisçait également par le grand trou sombre et frigorifiait le postérieur dénudé de Tilda, mais elle ne le sentait pas. Tout ce qu'elle ressentait, c'était un vide aussi intense que douloureux dans sa poitrine et le goût salé de ses larmes qui refusaient de se tarir.

Lorsqu'elle regagna la cuisine, Elida avait disparu, mais la porte de la chambre de leurs parents était ouverte. Elida était allongée sur le ventre sur le couvre-lit. Tilda vit qu'elle tenait un mouchoir dans son poing serré. Tilda s'étendit à côté d'elle. Elles restèrent ainsi toute la soirée sans rien dire. Leur estomac vide gargouillait de temps à autre. Lorsque la nuit tomba, elles n'avaient toujours pas bougé.

— Tu te rends compte, du café-goutte, finit par dire Tilda en souriant.

— Oui, on ne peut pas lui reprocher de manquer d'imagination, à cet Alvar Klemens !

Elles se mirent toutes les deux à pouffer. La tristesse était toujours là, mais le rire semblait vouloir s'y frayer un chemin.

Les deux sœurs ne tardèrent pas à s'endormir côte à côte, dans le lit de leurs parents. Les carrés brodés du couvre-lit semblaient les appeler dans l'obscurité, comme s'ils voulaient qu'on raconte de nouveau leur histoire, mais les demoiselles Svensson dormaient à poings fermés et, à partir de ce jour-là, elles ne tirèrent plus jamais le tiroir de la banquette. Elles s'étaient approprié une nouvelle partie de la maison sans même en discuter. Cette pièce serait désormais leur dormitorium. Et elles finiraient leur vie dans ce lit où leur mère leur avait un jour donné naissance. Mais pour l'instant, elles avaient encore beaucoup de choses à accomplir et c'était peut-être pour cette raison qu'elles souriaient dans leur sommeil.

10

Les poires d'août pourrissaient sur leur branche et la terre gelée se rétractait autour des bulbes des dahlias, mais les sœurs n'éprouvaient aucune honte : rien ne semblait avoir de sens cet automne-là.

— Rutger a peut-être raison, dit Tilda un soir.

— Jamais de la vie, répliqua Elida. Je ne déménage pas.

— Non, je veux dire que la maison n'est pas moderne. Nous devrions peut-être veiller davantage à notre confort.

— C'est assez confortable comme ça, répondit Elida sur un ton peu convaincant.

— Certes, mais ce serait quand même bien d'avoir des toilettes à l'intérieur, non ?

— Et les odeurs alors ?

— Je veux dire un water-closet, expliqua Tilda et elle lança un regard gêné à sa sœur, comme si elle avait exprimé une pensée trop osée.

— Tu es folle ou quoi ? demanda Elida, surtout parce qu'elle savait que c'était la réponse attendue, mais au fond d'elle-même, elle trouvait l'idée séduisante.

Elles ne reparlèrent ni des toilettes ni d'aucune autre modernisation ce soir-là, mais une petite graine avait quand même été semée. La première tempête d'automne arriva au cours de la nuit. Les poires blettes rebondirent sur le sol, la porte des toilettes grinça, mais le vrombissement des mouches autour du ruban collant s'était tu depuis longtemps. Il demeurait accroché au plafond, relique d'un été qui s'était révélé si différent des autres et avait déclenché tant de cogitations dans la tête des vieilles sœurs.

— Tu ne crois pas que ça va être cher ? s'enquit Elida le lendemain matin.

— Quoi donc ? l'interrogea Tilda distraitement en replaçant la courtepointe sur le lit en fer forgé noir.

— De faire installer des waters à l'intérieur.

— Bah, nous avons un peu d'argent dans nos cachettes, répondit Tilda en souriant.

— Non ! gémit presque Elida. Nous ne pouvons pas y toucher. On ne sait jamais. Nous pourrions en avoir besoin pour des choses plus utiles.

— C'est vrai. Et puis, nous n'avons pas travaillé à l'extérieur depuis très longtemps, alors les gens s'imagineraient que nous sommes devenues riches comme Crésus.

— Mais tu n'as pas vu les annonces ?

— Quelles annonces ?

— Non, rien, dit Elida, comme si elle s'en mordait les doigts.

Elle s'empressa ensuite de quitter la chambre et de gagner la cuisine pour commencer les préparatifs de la journée.

L'après-midi, les sœurs décidèrent d'aller vérifier que tout allait bien dans la maison d'Alvar. Les champs venaient juste d'être labourés et c'était généralement à ce moment-là que les souris rentraient dans les habitations. Elida emporta un petit morceau de fromage pour le piège qu'Alvar avait promis d'installer sur l'évier.

Tilda inséra la clé dans la serrure d'Alvar Klemens avec solennité et fierté. Elles déposèrent soigneusement leurs pantoufles en cuir sur le seuil, puis pénétrèrent dans la maison fraîche où le chauffage était au minimum.

— Tu te rends compte, commenta Tilda, il fait encore bon alors qu'il est parti depuis deux semaines.

— Oui, c'est autre chose que notre poêle.

— De toute façon, nous sommes toujours chez nous alors ce n'est pas gênant.

— Quand même, ce serait mieux si les cabinets étaient à l'intérieur, glissa Elida.

Il était clair qu'elles avaient toutes les deux beaucoup réfléchi depuis leur conversation et Tilda avait pas mal pensé à cette histoire d'annonces. Elle se demandait ce qu'Elida avait voulu dire, mais elle éprouvait une certaine réticence à lui poser de nouveau la question.

Après s'être occupées des pièges, elles firent le tour de la maison. Elles n'étaient pas d'un naturel franchement curieux, mais cela se fit tout naturellement.

Elida ouvrit la porte des toilettes avec précaution.

— Regarde, Tilda. Il y fait clair et chaud. Et puis ce tapis, comme il est beau et doux !

Le tapis n'était pas grand, juste un de ces petits ovales en éponge. Les deux sœurs se pressaient soudain dessus. Leurs longs pieds fins s'enfonçaient dans les boucles et elles étaient si serrées qu'elles durent presque s'enlacer pour ne pas perdre l'équilibre. Elles restèrent ainsi un long moment, à savourer cette sensation. Sur le siège, il y avait une housse dans la même matière. Tilda s'assit sur le couvercle, l'air rêveur. Ni l'une ni l'autre n'ouvrit la bouche, mais la même pensée s'était fait un chemin dans leur cerveau.

C'était décidément leur jour de chance, car Karna Bengtsson passa au moment précis où elles quittaient la maison d'Alvar. En la saluant poliment, Tilda et Elida sentirent une onde de chaleur les traverser. Elida fit cliqueter les clés un peu plus que nécessaire et les filles du forgeron Svensson se tenaient inhabituellement droites lorsqu'elles regagnèrent leur petite maison.

— Tu as vu sa tête ? s'enquit Tilda, ravie.

— Peu importe, répondit Elida en feignant l'indifférence alors qu'elle avait le feu aux joues.

Les journées étaient longues et sombres, et on aurait dit que le temps avançait à la vitesse d'un escargot. Elles brodaient un peu, astiquaient l'argenterie déjà étincelante. Elles n'avaient pas sorti leur nouvelle robe du dimanche depuis des semaines et le fer à friser semblait les considérer avec colère, abandonné et inutile à côté du poêle.

— Nous pourrions toujours nous renseigner pour savoir combien cela nous coûterait pour faire installer les waters à l'intérieur, suggéra Tilda un soir.

— Oui, cela ne mange pas de pain de poser la question, convint Elida et, en moins de temps qu'il n'en faut pour le dire, les deux sœurs étaient occupées à prévoir où iraient les toilettes et quelle apparence elles auraient.

Elida avait presque l'impression que les vieux portraits de famille lui souriaient lorsqu'elle fut couchée, comme si ses ancêtres lui donnaient leur accord pour la modification envisagée. Cette nuit-là, elles dormirent particulièrement bien et leurs deux bouches sans dents béaient telles des étoiles noires. Elles se serraient l'une contre l'autre, comme elles l'avaient si souvent fait lorsqu'elles étaient enfants et que le forgeron Svensson leur racontait les histoires les plus épouvantables des carrés de la courtepointe.

11

Le lendemain matin, un parfum d'excitation flottait dans l'air. Une heure avant l'horaire habituel, les deux dames étaient déjà sur le pied de guerre et, lorsque le facteur franchit le seuil, elles avaient fini leurs tâches du matin.

Le facteur posa comme toujours le courrier sur la table de la cuisine.

— Mmm, ça sent bon, commenta-t-il en tournant le nez vers le fourneau où mitonnait une soupe aux choux.

— Vous en voulez peut-être une assiette ? Elle est presque prête.

Tilda et Elida avaient vu qu'il y avait une carte postale colorée parmi les lettres et cherchaient toutes les deux à refréner leur curiosité, mais dès que le préposé eut galamment pris congé d'elles d'un petit mouvement de casquette et refermé la porte, chacune se précipita vers la table dans l'espoir d'être la première à l'attraper. Les mains percluses de rhumatismes de Tilda perdirent le combat.

— Elle est d'Alvar ? s'enquit-elle.

Elida ne répondit pas et resta à fixer la carte.

— Ou est-ce qu'elle vient de Rutger qui est de nouveau en voyage ? ajouta Tilda, au comble de l'impatience.

— C'est Alvar. Il voulait nous remercier pour cet été et écrit qu'il viendra peut-être à Noël.

— À Noël ! s'exclama Tilda en souriant.

Les sœurs relurent ces quelques lignes de nombreuses fois ce jour-là.

Le soir, elles placèrent la carte près de celle de Rutger dans l'entrée. Elles laissèrent la lumière allumée de manière à voir le miroir et les cartes depuis la table de la cuisine. Cette journée leur avait paru plus festive avec l'arrivée de cette carte et la demi-promesse d'Alvar de venir pour Noël. C'était peut-être pour cette raison que Tilda avait préparé une tarte au sucre pour accompagner le café du soir, ce qui arrivait rarement quand elles ne recevaient pas.

— Je pense que je vais changer la nappe, déclara Elida avant de se baisser pour atteindre, sur l'étagère la plus basse du placard, le grand coffre marron aux lanières en toile de jute dont le couvercle portait son nom écrit en jolis caractères. Oui, c'était dans ce coffre qu'elle avait rangé une partie de son trousseau, mais elle l'avait ensuite vidé à mesure que le linge de maison avait besoin d'être remplacé. Elle se pendait maintenant si bas que la délimitation entre ses bas et sa gaine était parfaitement visible.

— Celle-ci conviendra, déclara-t-elle après s'être relevée à grand-peine sur ses jambes fluettes.

— Oh ! s'exclama Tilda. Je m'en souviens… Mais Elida, tu ne dois pas !

— Bah, elle sera aussi bien sur la table que dans ce coffre !

Sur ces mots, Elida plaça la belle nappe brodée sur la table. Tilda s'empressa de se lever et de soulever l'assiette sur laquelle elle avait disposé les parts de tarte au sucre. Cette présentation semblait inappropriée à côté de cette splendide nappe. Elle sortit donc le plus beau plat à gâteaux en verre d'Elna, celui qu'elles n'utilisaient que pour les grandes occasions, mais ce soir-là leur paraissait justement une grande occasion.

Puis elles s'installèrent à la table et lancèrent de temps en temps des regards vers le hall et la carte d'Alvar. Elles gardèrent toutes les deux leurs dents, car cela leur semblait plus digne de telles circonstances.

— Bon, commença Tilda après un long moment de silence. J'ai réfléchi à cette histoire de water-closets. Le froid n'est peut-être pas très bon pour mes hémorroïdes.

— Tu as raison, s'empressa de répondre Elida. Tu as mal ? demanda-t-elle avec prudence.

— Baah, je les sens un peu, comme d'habitude, mais que veux-tu.

— Un petit verre de vin cuit aiderait peut-être, non ? Moi, je n'ai pas ce genre de soucis, mais je peux bien t'accompagner.

Oui, cette soirée fut mémorable : la tarte au sucre, la nappe brodée, le plat en verre, la carte d'Alvar, et un vin cuit chacune – au nom de la vérité, il faut préciser que ce ne fut pas un verre, mais deux. Ce n'est qu'après avoir bu le second que Tilda osa de nouveau interroger sa sœur au sujet de cette annonce.

— Ah ça ! gloussa Elida.

— Allez, dis-moi, l'implora Tilda en chuchotant presque.

Elida ne répondit pas, mais se dirigea vers la petite étagère au-dessus du fourneau où elle prit la lampe de poche avant de sortir dans l'obscurité. Une fois sa sœur disparue, Tilda se hâta de boire un vin cuit supplémentaire, pas pour ses hémorroïdes, mais pour la sensation de chaleur si agréable qu'il lui procurait. Et puis, elle avait déjà l'odeur, alors Elida ne remarquerait rien.

Le vent d'automne entrait par la porte ouverte et Tilda resserra son gilet en laine contre son corps. Puis Elida reparut sur le seuil, décoiffée par le vent, une pile de journaux dans les mains. Elle s'assit, les feuilleta sans rien dire puis glissa un exemplaire ouvert devant Tilda. Tilda fixa longuement la page, les yeux écarquillés, sans comprendre.

— Je me disais juste… commença Elida.

— Qu'est-ce que tu te disais ? la pressa Tilda.

Elida semblait extrêmement gênée. Elle quitta la table et gagna le fourneau où une casserole d'eau chauffait en permanence. Elle en versa un peu dans une bassine en plastique et entreprit de laver le filtre à café, même si ce n'était pas samedi. Une fois qu'elle eut le dos tourné à sa sœur, elle sentit son courage revenir.

— Eh bien, il y a beaucoup d'annonces comme ça dans les journaux chaque semaine, alors je me disais qu'il y aurait de l'argent à gagner.

Tilda ressemblait presque aux mannequins en ville. Sa bouche était grande ouverte et ses yeux écarquillés. Elida se rendit compte qu'elle n'avait pas compris.

— Nous vendrions quelque chose ? Mais nous n'avons rien à vendre, à part les baies et les fruits, et nous en avons juste assez pour nous.

Elida désigna l'une des annonces en guise de réponse. Tilda lut à voix haute :

« *Potion aphrodisiaque. Augmente la puissance sexuelle d'au moins 50 %. Résultats garantis. Seulement 350 couronnes la bouteille !* »

— Si nous nous contentions de 250 la bouteille, glissa Elida.

— Mais nous n'avons pas ce genre de produit, objecta Tilda en montrant l'annonce, perplexe.

— Tu ne te souviens pas des lapins dans le jardin d'Alvar et du matou de Molin ? Ils étaient comme fous. Oui, on dirait vraiment que ce qu'Alvar met dans ses fleurs fait de l'effet.

Elida pointa de nouveau le doigt vers l'annonce et Tilda en eut le souffle coupé.

— Tu ne veux quand même pas dire…

— On pourrait l'envisager, répondit Elida avant de retourner à son filtre à café.

— Mais Alvar avait l'intention de déposer un brevet.

— En tant qu'engrais pour les fleurs, pas comme potion aphrodisiaque, objecta Elida.

La discussion qui avait lieu dans la cuisine des vieilles demoiselles était pour le moins étrange. Elles parlaient de potions aphrodisiaques, comme si elles étaient des spécialistes en la matière. Or ni l'une ni l'autre n'avait eu la possibilité d'approcher de près cette puissance masculine, sauf, peut-être, Tilda sous la tonnelle avec le fils de Lantz, mais ils étaient alors tous les deux dans la force de l'âge et aucune mixture n'était nécessaire.

La bouche de Tilda était toujours ouverte et la partie supérieure de son dentier avait glissé, si bien que cette bouche semblait fermée alors qu'elle ne l'était pas.

— Mais que diraient les gens ? s'inquiéta-t-elle après avoir remis ses dents en place.

— Ils n'ont pas besoin de le savoir. Nous pourrions prendre une boîte postale en ville.

Elle n'était pas bête, Elida. Leur père l'avait souvent dit. « Si tu n'avais pas été une fille, tu aurais fait carrière dans le commerce », déclarait-il toujours lorsqu'il voyait à quelle vitesse elle vendait ses billets de loterie et autres lors des kermesses.

— Mais tu crois que nous aurons l'audace ? demanda Tilda, non sans intérêt et enthousiasme.

— Bien sûr que oui, répliqua Elida en mettant le filtre à sécher.

Les mots déterminants avaient été prononcés, mais il restait beaucoup de travail et de nombreux préparatifs avant que les sœurs ne soient en mesure d'ouvrir leur entreprise de vente de potions aphrodisiaques à distance.

— Dis, Tilda, chuchota Elida quand elles se furent couchées côte à côte dans le lit. C'est uniquement pour ces toilettes et tes hémorroïdes, sinon nous ne l'aurions jamais fait.

— Non, jamais de la vie, confirma Tilda, et elle se recroquevilla, contente, dans la chaleur du lit. Nous ne l'aurions vraiment pas fait, Elida.

Pour la première fois depuis longtemps, elles attendaient le lendemain avec impatience.

La semaine fut frénétique chez les demoiselles de Borrby. Elles effectuèrent des recherches, vérifièrent et discutèrent, mais elles étaient parfaitement d'accord sur le fait que ce devrait être un secret bien gardé et que rien ne devrait filtrer. Elles partiraient dans leur tombe avec leur honneur sain et sauf.

— Au fond, ce n'est ni illégal ni mal, déclara Tilda un soir, comme pour se convaincre elle-même.

— Au contraire, cela nous permet d'aider notre prochain, confirma Elida, ce qui réjouit Tilda.

— Exactement, cela va les aider. Enfin, si ça marche, bien sûr.

— Évidemment que ça marche ! s'offusqua Elida. Nous l'avons constaté de nos propres yeux.

Le 1er décembre, tout était prêt et leur première annonce allait paraître dans la presse hebdomadaire dès la semaine suivante. Elles n'avaient jamais passé d'annonce avant, encore heureux, car leur prix était si élevé qu'elles avaient sérieusement envisagé d'abandonner le projet.

— Nous devons persister maintenant que nous avons tant travaillé et avons parcouru tant de chemin, avait cependant insisté Elida.

Tilda devenait anxieuse face à la somme d'investissements nécessaires. Pour commencer, elles avaient fait l'acquisition d'une cafetière électrique et, à présent, elles se rendaient en ville pour acheter les alcools à filtrer. Et puis, il y avait le coût de la boîte postale en ville qu'Elida avait ouverte par téléphone. Elles n'avaient plus qu'à aller signer quelques documents et tout serait réglé.

— Et si personne ne répond à notre annonce ? s'inquiéta Tilda.

— Il faut savoir tenter sa chance dans la vie, répliqua Elida avec conviction.

Cette entreprise avait enhardi Elida, mais il faut dire que c'était elle qui s'était chargée de la plupart des contacts, avec le journal, avec la poste, et qu'elle avait même rédigé l'annonce. Tilda était fière de sa sœur, oui, vraiment, mais elle gardait évidemment ce sentiment pour elle. En échange du travail accompli par Elida, elle s'occupait du reste de la majorité des tâches ménagères ces derniers temps.

Bref, l'après-midi arriva et ce fut le moment de se rendre en ville pour régler les derniers détails. Tilda emporta le grand cabas en cuir véritable que Rutger lui avait offert pour Noël quelques années plus tôt.

— Pourquoi en as-tu besoin ? l'interrogea Elida alors qu'elles s'apprêtaient à quitter la maison.

— Je me disais que nous pourrions y mettre les bouteilles d'alcool. Ce sera plus facile à porter et puis, plus discret.

— Tu as raison, déclara Elida sur un ton approbateur, et Tilda redressa un peu le dos lorsqu'elles descendirent la rue en direction de l'arrêt de bus, en route pour leur premier voyage d'affaires.

En ville, les vitrines de Noël avaient été installées pendant le week-end, et de belles étoiles et branches de sapin étaient suspendues au-dessus de la Grand-rue. Le jour avait commencé à décliner et les premiers flocons de neige virevoltaient vers le sol. Des passants stressés par la nécessité de trouver leurs cadeaux se bousculaient et couraient à moitié tandis que les demoiselles Svensson arpentaient tranquillement la rue avec le grand cabas entre elles.

À la poste, c'était l'heure de pointe et les gens jouaient des coudes pour envoyer leurs colis de Noël et cartes de vœux. Elida gagna le présentoir où elle prit des imprimés de recommandés au tarif national. Tilda regardait autour d'elle, gênée à l'idée que quelqu'un voie le nombre d'exemplaires que sa sœur avait pris. Mais tous étaient si occupés que ses craintes étaient infondées. Puis Elida alla se placer derrière un vieux monsieur dans l'une des files d'attente. Quand son tour arriva, elle annonça à la guichetière :

— C'est au sujet de la boîte postale.

— Vous avez le numéro 97 ? l'interrogea l'employée.

— Non, on ne m'a pas encore communiqué le numéro de la boîte, répondit Elida, perplexe.

La guichetière rit de bon cœur en comprenant la méprise et lui expliqua l'organisation du système d'attente. Elida la considéra avec embarras, puis recula et alla chercher un ticket : 129.

— Il y a trente-deux personnes avant nous, soupira Tilda, qui avait toujours été douée pour le calcul mental.

Les sœurs allèrent s'installer dans un canapé pour attendre leur tour. Leur nez s'était mis à couler à cause de la chaleur et elles se mouchèrent toutes les deux bruyamment, presque simultanément. Les numéros étaient appelés en une succession rapide et Tilda donna un coup de coude à Elida.

— Plus que deux !

Une fois devant la guichetière, Elida répéta :

— Donc, il s'agissait de la boîte postale. Celle au nom de Rutger Svensson.

Elida ne pouvait voir l'expression de Tilda, ce qui était peut-être aussi bien.

— Il séjourne parfois ici et se disait que ce serait peut-être une bonne chose d'avoir une boîte postale.

— En fait, c'est lui qui aurait dû signer ce document, lui indiqua l'employée.

— Il est à l'étranger pour le moment, répondit Elida sans hésiter. Je suis sa sœur, vous comprenez, et je lui ai promis de m'occuper de cette boîte postale pendant son absence.

La guichetière se pencha en avant et lui désigna une ligne.

— Remplissez ce cadre !

Elle s'exécuta sans trembler, puis on lui remit la clé. Boîte postale 108. En sortant, Elida vérifia que la clé fonctionnait. Les sœurs n'étaient pas peu fières. Elles avaient désormais leur propre boîte postale en ville.

Une fois de retour dans la cohue de la rue, Tilda déclara sur un ton de reproche :

— Pourquoi l'as-tu ouverte au nom de Rutger ? Il risque de l'apprendre.

— Bien sûr que non. C'est nous qui payons et j'ai demandé que les factures soient envoyées à sa boîte postale, dont nous avons la clé.

Tilda ne fut pas convaincue. Elle commençait presque à regretter. Elle avait même un peu peur et était tout simplement mal à l'aise. Elle ne se sentit pas mieux lorsqu'elle se rendit compte qu'elles devaient à présent aller acheter de l'alcool. Cela lui paraissait si répréhensible, peut-être parce qu'elles le faisaient rarement, ou alors parce que c'étaient surtout les hommes qui le faisaient. Mais elles n'avaient pas le choix. Pour mettre leur projet en œuvre, il leur faudrait même en acheter souvent. Elles en avaient discuté et avaient établi leur stratégie dans les moindres détails. Elles avaient décidé d'effectuer leurs achats dans les trois villes les plus proches, chacune son tour afin d'éviter que les gens se posent des questions.

— Nous risquons de faire l'objet d'une plainte auprès des services sociaux, avait annoncé Tilda un soir, dans l'un de ses moments sombres.

Parmi les journaux d'Alvar, elles avaient trouvé un catalogue indiquant les prix des différents alcools, ce qui était une chance, car cet angostura les avait fait douter : dans la mesure où Alvar utilisait ce breuvage en partie comme un médicament, elles s'étaient d'abord demandé s'il fallait aller à la pharmacie ou dans un commerce pour s'en procurer. À présent qu'elles l'avaient repéré dans la liste des boissons alcoolisées, elles se sentaient malgré tout bien préparées lorsqu'elles entrèrent dans le magasin.

Elida prit un ticket et Tilda s'assit pour attendre leur tour. Oui, cet élancement dans le bras gauche l'avait reprise. Mais Elida savait maintenant à quels moments les symptômes se manifestaient et elle envoya un regard presque chargé de colère à sa sœur.

De retour dans le bus, Elida plaça avec précaution le sac contenant les bouteilles entre ses pieds – la clé de la boîte 108 était dans son porte-monnaie. Elles avaient eu tant à faire en ville qu'elles n'avaient pas eu le temps de prendre un café. Après avoir accroché leur manteau de laine imprégné de neige dans le hall, elles décidèrent donc d'inaugurer la nouvelle cafetière électrique.

— Même si notre entreprise devait péricliter, la cafetière nous serait quand même utile, avança Tilda sur un ton prudent.

Elida s'abstint de répondre et préféra déballer les bouteilles et les ranger dans le placard d'angle, à côté du vin cuit et du sherry. Lorsqu'elles mirent la cafetière en marche, elles observèrent son fonctionnement avec intérêt.

— Ah ce qu'ils sont capables d'inventer ! s'exclama Elida en riant.

— Nous aussi, surenchérit Tilda.

Et elles gloussèrent longuement et de bon cœur. C'était un rire libérateur après une journée pleine de tension. Chez elles, loin de la ville, elles se sentaient en sécurité. Le café leur parut particulièrement bon. Allez savoir si c'était cette nouvelle cafetière ou le fait qu'elles avaient manqué celui de l'après-midi. En tout cas, il était vraiment excellent.

Bien que la nuit fût tombée depuis longtemps sur la petite bourgade, on voyait toutefois encore de la lumière à la fenêtre de la cuisine des demoiselles Svensson. Et même dans ses rêves les plus fous, aucun des habitants de Borrby n'aurait deviné la nature de leur conversation.

Mais peut-être l'un des hommes du village souffrait-il d'insomnie à cause de sa déficience et serait-il l'un de leurs premiers clients ?

Chez Marianne et Rutger, à Örebro, l'hiver était arrivé aussi. Pas seulement dehors : le climat dans leur maison devenait de plus en plus glacial. Marianne était déçue qu'ils ne soient pas allés sur la Côte d'Azur et n'aient pas pu acquérir la maison des parents de Rutger, comme il le lui avait promis. Le niveau des bouteilles de Rutger dans le bar baissait au même rythme que l'humeur de Marianne. Et en cette nuit de décembre étoilée, Rutger tournait et retournait dans son lit.

— Tu n'arrives pas à dormir ? s'enquit sa femme d'une voix douce.

— Non, comme tu peux le constater.

— Pourquoi es-tu si agressif ?

— Je n'arrive pas à dormir. Et alors ? Qu'est-ce qu'il y a de si bizarre à ça ?

— Tu as changé, Rutger, répondit Marianne, toujours sur un ton amical.

— Si on veut. Avant, c'était avant et maintenant, c'est maintenant, répliqua Rutger, puis il sauta hors du lit et enfila son élégant peignoir.

— Allez, ça va, tenta Marianne pour le calmer. Les hommes ont parfois des petits problèmes à ton âge.

— Je n'ai pas cet âge-là ! hurla Rutger.

— Vraiment ?

— De quel âge tu parles ? rugit Rutger.

— Le tien, bien sûr, répondit Marianne.

— Mon âge n'est pas un problème et *je* n'ai pas de problème, rétorqua Rutger avant de quitter la pièce.

Il gagna le bar d'un pas résolu, ouvrit la porte, la referma. Il resta immobile quelques instants, haletant, puis retourna à grands pas vers la chambre. Il déposa son peignoir sur la chaise et se jeta sur Marianne.

— Bon, faisons l'amour, siffla-t-il presque.

— Faire l'amour, maintenant ? Mais il est vraiment tard, Rutger.

— Tu voulais que ce soit comme avant et à cette époque-là, tu te moquais bien de l'heure.

Marianne se tortilla sous le poids qui s'était soudain abattu sur elle.

— Rutger… haleta-t-elle.

— Nous allons faire l'amour, je te dis, répéta Rutger tandis que des gouttes de sueur perlaient sur son front.

— Mais…

— Tu crois peut-être que je ne peux pas ! hurla-t-il.

— Bien sûr que si, commença Marianne, et il la fit taire en l'embrassant avec fougue.

— Aïe, ça ne va pas la tête, cria-t-elle. Tu me fais mal !

— Ah bon, je te fais mal ? Avant, tu aimais ça.

Rutger remonta la chemise de nuit de Marianne avec des gestes maladroits et il essaya de planter haut son drapeau. Mais sa fierté d'antan pendait entre ses jambes tel un petit asticot, rendant impossible l'acte charnel qu'il envisageait.

Marianne se leva d'un bond et enfila sa robe de chambre.

— Tu es un grand malade ! lui lança-t-elle.

Rutger resta sur le lit quelques secondes, le souffle court. Puis il se leva, quitta la pièce sans avoir remis son peignoir. Nu, il gagna le bar et se servit un double grog qu'il vida d'un trait. Marianne le rejoignit d'un pas prudent.

— Tu me fais peur, Rutger.

Alors elle aperçut le petit asticot qui pendait au bord du siège recouvert de fausse fourrure et elle se mit à rire, d'abord de manière contenue, puis hystérique, avant d'éclater en sanglots.

Cette nuit-là, Rutger dormit dans la chambre d'amis et il pleura silencieusement comme un enfant pour la première fois de sa vie d'adulte.

12

Le jour où leur annonce devait paraître, Tilda et Elida se rendirent au magasin dès potron-minet.

— Alors, ça marche ? s'enquit l'épicier sur un ton aimable.

Les deux sœurs sursautèrent. Cela s'était-il quand même su ?

— La cafetière, précisa l'homme, voyant qu'elles n'avaient pas compris.

— Ah oui, ça. Oui, elle fonctionne parfaitement.

Puis elles firent leurs emplettes habituelles : du pain, du lait, un petit morceau de fromage et une boîte d'allumettes pour le poêle.

Pendant que le commerçant calculait leur total, Elida demanda :

— Tu ne voulais pas prendre un journal aussi, Tilda ?

— Pourquoi pas.

Elida saisit un magazine sur le présentoir.

— Ah bon, commenta l'homme, un peu surpris, car elles n'avaient jamais acheté de magazines jusque-là. Je vois qu'on a envie d'un peu de lecture supplémentaire pour Noël.

— Oui, les soirées se font longues. Et puis, nous n'avons pas la TV, répondit Elida.

Lui prenant le magazine des mains, le commerçant en montra un autre.

— Je vous conseille plutôt celui-là. Vous avez davantage de pages pour le même prix et il y a un supplément de Noël.

Tilda attrapa brusquement le premier magazine.

— Non, c'est celui-ci que nous voulons, répliqua-t-elle d'une voix aiguë.

Le commerçant en resta bouche bée.

— D'accord, pas de problème... Je me disais juste, le supplément de Noël et tout ça.

Elida donna un coup de pied dans le tibia de Tilda, qui baissa les yeux, gênée. Sur le chemin du retour, sa sœur lui fit la leçon.

— Il faut que tu gardes ton sang-froid. Tu ne peux pas te comporter ainsi, sinon ils risquent de se rendre compte de quelque chose...

Tilda ne répondit pas. Elle ne le faisait jamais lorsqu'elle estimait que sa sœur avait raison.

Arrivées chez elles, les demoiselles Svensson s'empressèrent de sortir le magazine du panier. Elles s'assirent côte à côte et Elida lut à voix haute.

— Potion aphrodisiaque, ingrédients non nocifs, mais à l'efficacité démontrée. Prix le plus bas du marché, 250 couronnes le flacon. Envoyez votre commande sur le talon ci-joint à Simrishamn, boîte postale 108. Nous vous livrerons le produit en recommandé, sous pli discret.

— Ça me semble parfait, commenta Elida avec satisfaction.

— Oui, parfait, confirma Tilda.

Un long moment, elles fixèrent tour à tour l'annonce et les fournitures posées sur la table de la cuisine.

— Tu te rends compte, reprit Elida, nous avons notre propre entreprise. Tu te souviens de ce que papa répétait ? Que j'aurais fait carrière dans le commerce si je n'avais pas été une fille.

— Chut. Ne dis pas ça. Papa n'aurait jamais approuvé que...

— Rappelle-toi que nous aidons autrui, Tilda.

— Oui, oui, c'est sans doute vrai, mais il n'aurait quand même jamais...

Elida s'efforça de changer de sujet, car elle aussi éprouvait une pointe de mauvaise conscience.

— Dis, au sujet de cette histoire de flacons... Dans quoi allons-nous livrer le produit, en fait ?

— Nous avons des tas de flacons de médicaments que nous n'utilisons jamais. Nous pourrions jeter les comprimés et nous servir des bouteilles.

— Ils sont trop différents, objecta Elida, Il nous faut un modèle unique, la même taille, ce genre de détails.

— Et les petits bocaux à confiture alors ? Ceux qui sont dans le lavoir.

— Bonne idée ! Ils conviendront à merveille. Pour commencer en tout cas. Ensuite, nous aviserons.

Tilda prit son cabas, gagna le lavoir d'où elle revint bientôt avec une quantité de petits bocaux.

— Ce sera parfait, approuva Elida.

Tilda les lava, puis les plaça sur l'égouttoir.

La nuit tomba également ce jour-là, mais la lumière ne resta pas allumée aussi longtemps que la veille : tout était prêt et il ne restait plus qu'à attendre.

Les petits bocaux étaient alignés à côté du fourneau. Il leur manquait des étiquettes, ce qui avait donné lieu à une vive discussion juste avant que les sœurs n'aillent se coucher. Elles s'étaient d'abord accordées sur un point : les bocaux devaient avoir une étiquette quelconque indiquant leur contenu. Tilda avait suggéré qu'elles utilisent les petits autocollants ornés de grappes de raisin dont elles se servaient pour consigner le millésime et la variété de leurs confitures et jus.

Elida n'avait pas trouvé cette idée très bonne. Elle voulait que le produit ait l'air professionnel, mais comme elle n'avait pas de meilleure suggestion, elle avait finalement dû s'incliner. Sur le nom, en revanche, elles avaient tout de suite été d'accord : les étiquettes annonceraient ÉLIXIR APHRODISIAQUE. Tilda venait d'en remplir une et s'apprêtait à la coller sur un bocal lorsque Elida avait crié :

— Non, pas maintenant !

L'étiquette était restée collée sur la langue de Tilda. Encore une chance qu'avec son nouveau dentier elle produisît beaucoup de salive, sinon le bout de papier aurait bien pu y rester collé pour de bon.

— Imagine, si nous décédons subitement, poursuivit Elida.

Tilda recracha l'étiquette.

— Comment ça, si nous décédons ?

— Si nous faisons toutes les deux une crise cardiaque pendant la nuit et que le facteur,

Rutger ou quelqu'un d'autre voit les bocaux étiquetés.

— Ah, en effet, gémit Tilda, ébranlée.

— Nous les remplirons au fur et à mesure, déclara Elida avec sagesse.

Et il en fut ainsi. Les bocaux de verre fin prêts brillaient près du fourneau et on aurait dit que leurs propriétaires s'apprêtaient à préparer des confitures et des jus. Ni l'une ni l'autre ne songea que la saison des baies était loin.

13

Le dimanche, les sœurs allèrent à l'office. Pendant la semaine, elles s'étaient soudain rendu compte que le dimanche précédent était le premier de l'Avent et les roses de la honte avaient empourpré leurs joues. Jamais auparavant elles ne l'avaient oublié. Oui, depuis leur enfance, elles s'étaient toujours rendues à l'église ce jour-là. Avec leurs parents dans un premier temps, puis, après leur trépas, seules – en tout cas elles n'avaient jamais manqué cet office-là auparavant.

Il fallait donc qu'elles se rachètent. Elles sortirent leur nouvelle robe du dimanche et leur sac à main pour la première fois depuis le départ d'Alvar, troquèrent leurs souliers beiges pour des bottillons fourrés, davantage de saison.

L'intérieur de l'église était lumineux et beau. Ce n'était pas la cohue, mais il y avait quand même pléthore de fidèles, comme toujours avant les fêtes.

Elles nouèrent leurs mains et baissèrent la tête, comme il sied lorsqu'on adresse une prière au Seigneur. Le début d'un joli psaume se fit entendre. Les notes de l'orgue ne remplissaient pas seulement la nef, mais également l'âme des sœurs. Tilda essuya une larme discrète. Elle se sentait toujours si émue lorsqu'elles assistaient à l'office. Ce n'était pas seulement l'orgue qui la bouleversait, mais le souvenir de sa jeunesse et de ses parents, tous trois disparus. Oui, ses deux parents et sa jeunesse. Mais ce dimanche-là, elle pleurait également en pensant à Alvar. Il lui manquait. Il avait donné une nouvelle impulsion à leur vie et avait indirectement contribué à ce qu'elles aient à présent leur propre entreprise de vente par correspondance.

Tant qu'à faire qu'à pleurer, Tilda en profita pour glisser une prière au Seigneur afin qu'il se montre indulgent à l'égard de leur activité.

— Après tout, nous aiderons notre prochain de cette manière, dit-elle presque à voix haute.

— Chut, lui souffla Elida en lui donnant un coup de coude.

Tilda se moucha pour évacuer tout son chagrin et ses souvenirs. L'office se termina par un baptême. C'était Christer, le fils de l'instituteur Borg, qui baptisait son septième enfant. Il ne fera sans doute pas partie de nos clients, pensa Tilda en souriant, les yeux rivés sur le chandelier à sept branches près des fonts baptismaux.

Elles bavardèrent un instant devant l'église, car, comme d'habitude, Karna Bengtsson se trouvait parmi les ouailles et se tourna vers les sœurs.

— Un homme vraiment raffiné, notre nouveau pasteur.

— Oui, c'est indéniable, répondit Elida tandis que Tilda, qui se disait que cette Karna devenait vraiment folle dès qu'il s'agissait de la gent masculine, gardait le silence.

Le gel avait resserré son étreinte sur la nature et le sol craquait sous les bottillons des sœurs lorsqu'elles se dirigèrent vers la tombe de leurs parents. La couronne de mousse qu'elles y avaient déposée à la Toussaint était recouverte de neige. Tilda se pencha au-dessus de la stèle, la saisit et la secoua pour l'en débarrasser.

— Il y a longtemps que Rutger n'est pas venu, constata Elida, non sans une certaine déception dans la voix.

— Nous devrions peut-être l'appeler en rentrant. Oui, c'est notre tour et puis, c'est bientôt Noël.

De retour chez elles, Tilda se hâta de déposer quelques morceaux de bois dans le poêle. Le bois était inhabituellement sec et se consumait vite.

— Nous n'avons pas encore sorti le chandelier de l'Avent. Nous n'avons décidément plus toute notre tête, constata Tilda.

Elles éclatèrent de rire. On aurait dit qu'elles s'étaient remises à rire de plus en plus souvent. Elida plaça le tabouret de la cuisine devant le placard et y grimpa avec précaution. Elle tâta à l'aveugle l'étagère supérieure et sa main tomba sur le vieux chandelier en bois que Rutger avait réalisé lors d'un atelier menuiserie. Elle balança également un petit sachet en papier dans les bras de Tilda. Ensuite, elles s'entraidèrent pour sortir la mousse et les champignons du sachet et en décorer le chandelier aussi joliment que les autres années. En revanche, elles avaient oublié d'acheter des bougies blanches.

— Nous nous contenterons de bleu ciel pour le moment, déclara Tilda, et elle alla chercher les chandelles bleues dans le séjour.

Le froid venu de la pièce inutilisée balaya le sol de la cuisine et les demoiselles frissonnèrent.

— Il fait vraiment frisquet, commenta Elida. Une tasse de café nous ferait le plus grand bien.

— C'est vrai que ce ne serait pas de refus, répondit Tilda en allumant les deux premières bougies sur le chandelier. Deux en même temps, c'est complètement fou, ajouta-t-elle en riant.

— Ce n'était jamais arrivé avant. Dis, Tilda, lundi, nous allons en ville pour relever notre boîte, et je me disais que nous n'avions pas…

— Quoi donc ? l'interrompit Tilda.

— Nous n'avons encore jamais préparé ce que nous allons vendre.

— Non, et il fait froid. Nous pourrions nous en faire un chacun.

Elle ne voulait pas prononcer l'expression « café-goutte », en tout cas, pas après l'office et dans cette atmosphère d'Avent.

— Mais on ne peut pas ajouter l'alcool une fois le café passé dans le filtre.

— Non, en effet, confirma Tilda, surprise d'avoir commis cette erreur de planification.

— Mais on peut sans doute utiliser le même café plusieurs fois, non ? L'arôme doit rester un certain temps, tu ne crois pas ?

Tilda fut soudain prise d'un doute.

— Il faudra sans doute que nous effectuions des recherches à ce sujet, répondit-elle. Pour l'instant, préparons-nous une bonne tasse de ce mélange.

Elles se retrouvèrent alors devant un autre problème.

— Quelle dose d'alcool penses-tu que nous devions verser dans le réservoir ? demanda Tilda.

— Quelques gouttes d'angostura, c'est ce qu'Alvar a dit, je m'en souviens très bien. Pour ce qui est de la vodka, je ne sais plus.

— Une tasse ou quelque chose comme ça ? avança Tilda.

— Après tout, c'est mélangé à l'eau alors je suppose que ça doit être plus ou moins ça, dit Elida tout en fermant les rideaux.

— Pourquoi fermes-tu ? s'étonna Tilda.

— Il fait encore clair et cela fait plus solennel de l'extérieur lorsqu'il fait sombre à l'intérieur.

En vérité, elle redoutait que quelqu'un ne les voie verser de la vodka dans leur cafetière. Certes, elles n'avaient jamais de visite maintenant qu'Alvar était parti, mais on ne pouvait se montrer trop prudent.

Une fois le café passé, Elida leva la cafetière et la considéra, l'air rêveur.

— Tu te rends compte, Tilda, il est là : l'élixir de vie !

— Qui va nous apporter l'argent nécessaire pour l'installation de vrais water-closets, compléta Tilda.

Elida posa délicatement la cafetière près de la vasque, puis elles s'attablèrent pour boire leur café post-église. Tilda toussa après la première gorgée.

— Ce n'est pas bon ? l'interrogea Elida.

— Si, mais ça chauffe sacrément et j'ai avalé un peu trop vite.

Elle observa Elida de près lorsqu'elle avala sa première gorgée. Sa sœur frissonna, mais ne toussa pas. Elles se resservirent toutes les deux une tasse et discutèrent un peu du nouveau pasteur.

— Il n'a pas l'air marié, commenta Elida.

— Vraiment ?

— Non, en tout cas, c'est ce qui se dit.

— Mais il y a une bonne femme au presbytère, je l'ai entendu au magasin.

— Il n'a pas besoin d'être marié pour *ça*, glissa Elida.

— C'est vrai. Mais est-ce approprié pour un pasteur de vivre de la sorte ?

— Il vit comme il veut, s'empressa de répliquer Elida avant de se lever pour se resservir. Lorsqu'elle fut debout, elle eut l'impression que ses jambes refusaient de la porter.

— Ça va ? s'inquiéta Tilda en la voyant vaciller.

— Bah, ce n'est rien, gloussa sa sœur.

Mais Tilda comprit vite, car lorsqu'elle se leva pour aider Elida, elle eut la même sensation. On aurait dit que le sol devenu meuble cédait sous ses pieds. Elida avait atteint la cafetière.

— Il vaudrait peut-être mieux ne pas boire de troisième tasse, avança-t-elle.

— Dans cette maison, on ne jette rien, rétorqua Tilda, puis elles éclatèrent toutes les deux de rire tandis qu'Elida leur versait une rasade supplémentaire.

— Encore une chance que nous ne soyons pas allées à la maison paroissiale pour prendre notre café avec les autres, commenta Tilda.

— Si nous l'avions fait, ç'aurait uniquement été pour observer le nouveau pasteur.

— Hélas, déclara Tilda, et elle leva sa tasse, comme si elle allait porter un toast, ce dont elle s'abstint, mais les sœurs échangèrent un hochement de tête avant de boire les dernières gouttes du breuvage.

Le téléphone retentit à l'instant où elles reposaient leur tasse. La sonnerie inattendue les fit sursauter toutes les deux. Elida gagna le hall d'un pas incertain. Elle saisit le combiné avec une telle brutalité que le socle de l'appareil tomba. Tilda s'esclaffa tandis qu'Elida s'efforçait de contrôler sa voix.

— Ici le 13587. BONJOUR Rutger ! s'exclama joyeusement Elida. C'est la meilleure. Nous parlions justement de t'appeler. Oui, tout à fait. Ici ? C'est la belle vie. Nous avons un nouveau pasteur et une nouvelle cafetière.

Elle gloussa.

— Mais oui, je vais bien, Rutger, en pleine forme, tout va pour le mieux et nous allons bientôt avoir des water-closets alors inutile de t'inquiéter.

Tilda était tellement hilare qu'elle dut placer ses mains devant son visage pour étouffer ses gloussements.

— Des water-closets, exactement. À l'intérieur, et nous allons mettre un tapis tout doux, rose…

— Vert, chuchota Tilda.

— Ou vert, ajouta Elida.

— Quelles poires ? Ah oui, celles dans le jardin, tu veux dire. Nous ne nous en sommes pas souciées cette année. On s'en tamponne, il y en aura d'autres l'année prochaine. Oui, je vais bien et Tilda également. Joyeux Noël à toi. Bien des choses à Marianne. Au revoir, Rutger. Tilda te passe le bonjour et te souhaite un joyeux Noël.

Elida raccrocha et les deux sœurs rirent aux larmes.

Cette nuit-là, la lumière resta allumée jusqu'au petit matin. Encore heureux qu'elles avaient eu le temps de souffler les bougies du chandelier à la fenêtre avant de s'endormir à même la table de la cuisine, leur tignasse grise sur le plateau.

En revanche, à Orebro, même son grog du soir n'avait pas permis à Rutger de trouver le calme et encore moins le sommeil. Il avait fait les cent pas sur les tapis moelleux des vastes pièces bourgeoises de sa maison. Lorsque la grande pendule du séjour avait sonné 3 heures, on apercevait encore sa silhouette sombre errer comme une âme en peine.

Dans la chambre, Marianne dormait d'un sommeil agité. Depuis quelques jours, elle osait à peine adresser la parole à Rutger. Il interprétait mal tout ce qu'elle disait et trouvait toujours à y redire. Certes, elle avait aussi l'humeur en dents de scie ces derniers temps, car elle éprouvait de l'amertume en pensant que Rutger n'avait pas réussi à acheter la maison de Borrby à ses sœurs. Elle estimait quand même avoir essayé de se montrer compréhensive et avoir suggéré d'autres solutions, mais rien ne trouvait grâce aux yeux de son mari.

Le sommeil tant attendu n'arriva qu'après 5 heures. Rutger était à moitié étendu dans le canapé, son corps de plus en plus imposant enroulé dans son peignoir, un verre à whisky vide posé sur la table en acajou. Ses mains blanches et flasques reposaient lourdement sur son ventre, agitées parfois de petits tremblements quand la tension à l'intérieur de son corps s'exprimait.

— Elles avaient bu, annonça soudain Rutger alors qu'ils prenaient leur petit déjeuner.

— Qui ça ? s'enquit Marianne en grattant d'un doigt gracieux la croûte noircie de l'un de ses toasts.

— Tilda et Elida... Oui, j'en suis certain. En tout cas, Elida n'était pas sobre, ça, c'est clair, et j'ai également entendu la voix de Tilda.

— Non, tu racontes n'importe quoi ! répondit Marianne en riant. Tilda et Elida, elles, en tout cas, ne se seraient pas mises à picoler.

— Comment ça, « elles en tout cas » ? siffla Rutger, sur la défensive. Qu'est-ce que tu insinues ?

— Qu'elles n'ont jamais aimé l'alcool, répondit Marianne sur un ton sévère.

— Mais pourquoi as-tu dit « elles en tout cas » ? Est-ce que tu insinues que je bois ?

— Ce n'est pas le cas ? lança Marianne en soutenant son regard.

— JE BOIS AUTANT QUE JE VEUX, sans avoir à te demander la permission ! gronda Rutger, puis il se leva brusquement.

— Mais bon sang, Rutger, je ne t'en ai jamais empêché, si ?

— Pas ouvertement, mais je comprends quand même tes allusions.

— Je m'en vais sur la Côte d'Azur, annonça Marianne avant de dissimuler son visage derrière le journal.

— Vas-y, Marianne, répondit Rutger sur un ton maussade. Va sur la Côte d'Azur. Tu y trouveras sans doute des hommes qui peuvent, eux.

— Qui peuvent quoi ? s'étonna Marianne.

— Baiser, répliqua Rutger, et il fut lui-même étonné d'avoir prononcé ce mot qui n'avait jamais franchi ses lèvres.

Marianne le considéra avec consternation, puis se leva.

— Tu es malade, Rutger, tu m'entends ? Vraiment malade.

La porte de service claqua avec une telle violence que les impostes tremblèrent. Rutger lâcha un juron avant de s'affaler de nouveau sur sa chaise, son regard bleu-gris fixé sur le ciel matinal et froid qu'il ne voyait pas.

Dans la chambre, Marianne regardait le même ciel. Elle se mordit la lèvre pour ne pas se mettre à pleurer. Elle rajusta les rideaux vaporeux, puis jeta son peignoir en soie rose sur le lit. Une fois dans la douche, elle ne parvint plus à refouler ses larmes, qui s'écoulaient en même temps que l'eau sur son corps. Elle prit une noisette de gel douche dans sa main et entreprit de l'étaler sur sa peau, mais ses mains se dérobèrent au moment de savonner ses seins encore fermes. La crainte d'y découvrir une grosseur ne la quittait jamais. Elle avait beau savoir que les femmes étaient censées examiner leur poitrine et observer tout changement, elle éprouvait une peur panique du cancer. Elle ne voulait pas vérifier, ne voulait pas l'envisager, bah, une femme sur quatre souffrait d'un cancer du sein, pourquoi cela tomberait-il sur elle ? Marianne avait honte de cette obsession. Même lorsque Rutger et elle faisaient l'amour, enfin avant, lorsqu'il pouvait encore, il lui arrivait parfois de se figer de terreur s'il s'interrompait alors qu'il était en train de caresser ses seins.

— Il y a quelque chose ? demandait-elle alors. Tu sens un nodule ?

Un jour, alors qu'elle vérifiait que son stérilet était toujours en place, elle avait eu l'impression que la texture de son intimité avait changé. Elle s'était empressée de retirer son doigt et s'était efforcée de ne plus y penser. Le soir, quand ils avaient fait l'amour, elle avait soudain demandé :

— Est-ce que c'est comme d'habitude ?

— Comment ça, comme d'habitude ? avait gémi Rutger.

— Tu ne sens rien de particulier ?

Le membre de Rutger s'était recroquevillé en elle et il s'était retiré, défait et déçu. Il ne s'était plus approché de son épouse pendant un bon moment.

Marianne se sentit rougir. Cela n'avait sans doute pas toujours été facile pour Rutger non plus. En fait, c'était peut-être elle la responsable du déclin de ses capacités sexuelles.

Elle coupa l'eau chaude et laissa le jet couler sur sa peau jusqu'à ce que l'eau soit glaciale. Ses mamelons durcirent et ses seins se dressèrent comme des teckels à l'arrêt. Lorsqu'elle sortit de la douche, Rutger était déjà parti au travail. Marianne s'allongea, nue, sur le canapé bordeaux. On aurait dit que la chaleur du corps de Rutger s'y attardait encore. Elle embrassa le tissu et leva de nouveau les yeux vers le ciel froid. Elle sourit, une lueur d'espoir dans les yeux.

14

La troisième semaine de décembre, Tilda et Elida reçurent un appel d'Alvar. Il se demandait si elles pouvaient augmenter le chauffage dans sa maison étant donné qu'il avait l'intention d'arriver à Borrby le 22. Cette annonce réjouit les demoiselles et elles avaient bien besoin qu'on leur remonte le moral, car ces derniers temps, elles s'inquiétaient sans cesse qu'aucune commande ne soit arrivée dans la boîte 108.

— Les gens ont tellement d'autres sujets de préoccupation avant Noël, avait avancé Tilda sur un ton qui se voulait rassurant.

— Mais imagine que personne ne veuille de notre produit alors que nous avons acheté la cafetière et l'alcool ! En plus, nous avons engagé des frais importants pour la publication de l'annonce et l'ouverture de la boîte postale.

— L'annonce ne paraît que depuis deux semaines, alors il faut nous calmer, répéta une fois de plus Tilda pour consoler sa sœur.

Certes, son humeur commençait à accuser le coup aussi, mais la nouvelle du retour imminent d'Alvar lui permettait de considérer l'existence sous un jour assez lumineux.

Dès le 20, les sœurs commencèrent à déballer leurs décorations de Noël. Les années précédentes, il y en avait eu de moins en moins. Elles avaient sorti le chandelier de l'Avent, les anges et la crèche bien sûr, mais tout le reste n'avait pas quitté les cartons.

— Nous ne sommes que toutes les deux, disait toujours Elida. Cela ne vaut pas la peine d'en faire davantage.

Cette année-là, ce fut une autre histoire. Les boules, les guirlandes, le renne en paille, elles disposèrent absolument tout dans la maison. Elles ressemblaient toutes les deux à des enfants excités à l'approche de Noël.

— Nous devrions peut-être acheter un sapin aussi… glissa Tilda.

— N'importe quoi, répliqua Elida. Il faut quand même rester raisonnable. Cela dit, nous pourrions peut-être en commander un petit synthétique avec des paillettes pour le mettre dans un coin.

Tard le soir du 21, leurs préparatifs de Noël étaient achevés. La petite maison scintillait de partout à cause des paillettes. Le chou était prêt, le jambon cuit et grillé, et les torchons propres dans la cuisine sentaient le savon. Elles s'effondrèrent littéralement dans le lit. Il y avait bien des années que les préparatifs de Noël ne les avaient pas autant épuisées.

De lourds flocons de neige tombaient dans le jardin et dans la maison d'Alvar les radiateurs luttaient pour chauffer les pièces glaciales. Oui, le froid était arrivé sans prévenir et même si les deux sœurs allumaient désormais un feu dans leur nouvelle chambre, il commençait à faire vraiment froid dans la nuit, lorsque le poêle s'éteignait et que le vent s'infiltrait par les chambranles vermoulus des fenêtres. Raison pour laquelle leurs longs pieds glacés étaient enfoncés dans des paires de chaussettes en laine tricotées main sous la courtepointe d'hiver.

— Bonne nuit, dit Tilda alors que le sommeil s'emparait déjà d'elle.

— Alvar arrive demain, zézaya Elida.

— Oui, confirma Tilda, et les sœurs se rapprochèrent l'une de l'autre, dans une complicité silencieuse, avant de pousser un profond soupir de fatigue et de joie.

Le lendemain matin, tout scintillait de blanc. La neige fraîche crissa sous leurs bottillons lorsque les sœurs se rendirent aux toilettes pour se soulager. Tilda était plus pressée, si bien qu'Elida la laissa passer la première et attendit dehors. Dans l'air glacé, son souffle formait un nuage devant sa bouche quand elle parlait.

— Il n'est pas encore arrivé, chuchota-t-elle presque par les fentes de la porte.

— Aaaah booon, fit Tilda d'une voix gémissante.

Elida comprit que sa sœur était pour ainsi dire occupée ailleurs et que cette conversation devrait attendre.

— Il est encore tôt, déclara soudain Tilda d'une voix normale, et Elida sut que son supplice matinal était terminé.

Elles échangèrent ensuite leurs places et c'est Tilda qui attendit devant la porte en contemplant le paysage dans sa parure hivernale, même si bien sûr ses yeux se tournaient essentiellement vers la maison d'Alvar, toujours déserte et plongée dans le silence.

De retour à l'intérieur, elles entreprirent de préparer leur petit déjeuner. Tilda chercha à se changer les idées en fredonnant une petite chanson.

— *En ces belles journées ensoleillées d'été*... entonna-t-elle d'une voix fêlée, mais pleine d'entrain.

— Idiote ! commenta Elida en riant, nous sommes en hiver, pas en été.

Tilda s'empressa de changer de refrain :

— *Vive le vent, vive le vent*...

Mais elle ne se souvenait plus de la suite et enchaîna donc avec des *la, la, la*. Elida se joignit à elle et les sœurs ne tardèrent pas à être prises d'un long fou rire. Il était clair qu'elles attendaient ce jour depuis longtemps.

— Nous devrions peut-être goûter le jambon, suggéra Tilda.

Elida hésita un instant avant de saisir le grand couteau de cuisine et de leur couper une épaisse tranche chacune qu'elles déposèrent sur leur tartine.

Alvar n'arriva qu'à l'heure du déjeuner. Il portait deux grosses valises et les demoiselles Svensson se prirent à espérer qu'il allait rester longtemps.

Ne tenant plus en place, elles décidèrent de préparer des beignets, comme de coutume le 22. Ce n'était pas une recette facile à réaliser, car il fallait maintenir l'huile à la bonne température, mais elles avaient l'habitude et savaient exactement quand elles devaient retirer la casserole du feu pour la baisser un peu. Elida trempa délicatement le moule en fonte dans la pâte, puis dans la graisse chaude. Des crépitements jaillirent et une merveilleuse odeur se diffusa dans la cuisine. Une fois les beignets détachés du moule, Tilda prit la relève et saupoudra les belles pâtisseries avec un peu de sucre glace. La préparation de beignets prenait du temps, mais elles ne cessèrent de bavarder et la pile ne tarda pas à prendre de la hauteur.

Elles parlaient des temps anciens, quand Elna, leur mère, effectuait les préparatifs de Noël, et le jour du tue-cochon où la maison grouillait de vie. Le soir de l'abattage, comme on l'appelait, lorsque les saucisses avaient été farcies, la viande attendrie et le fromage de tête préparé, le forgeron Svensson avait pour habitude de manger un véritable « festin ». Il s'agissait de pain bis qu'il tartinait de saindoux figé agrémenté d'oignons et de thym. Il avait vraiment l'air solennel lorsqu'il mettait du sel sur sa tartine et prenait sa première bouchée avant de lâcher un grognement de plaisir. Il accompagnait sa tartine d'un verre de vin cuit et Elna paraissait toujours fière et heureuse lorsque le forgeron complimentait son épouse pour ses talents de cuisinière. Il n'était pas prodigue de compliments, mais le soir du tue-cochon, il le faisait toujours, ainsi qu'à la Saint-Jean, lorsqu'il goûtait les harengs marinés de leur mère et les arrosait d'un verre d'alcool fort. Il s'agissait de grands jours que les sœurs avaient préservés dans leur mémoire pour le reste de leur vie. Ces jours-là, le forgeron se montrait également plus généreux et offrait généralement des caramels au lait à ses enfants.

Ils les suçaient longuement, mais les sortaient régulièrement de leur bouche pour les comparer et voir qui en avait encore le plus. « On remet le gluant dans son bec ! » disait leur père en feignant d'être en colère et ils éclataient tous de rire.

Les Noëls n'étaient plus comme avant, pourtant celui-ci avait un petit supplément d'âme.

Elles entendirent soudain les trois coups familiers frappés à la porte et Alvar apparut dans toute sa splendeur.

— Joyeux Noël dans la maisonnée ! lança-t-il avant d'étreindre les deux sœurs.

Il leur offrit ensuite un panier rempli de belles jacinthes.

— Pour vous remercier d'avoir eu la gentillesse de veiller sur ma maison.

— Mais enfin, protestèrent-elles en chœur, ça nous a fait plaisir…

— C'est la moindre des choses, répliqua Alvar avant de renifler bruyamment les effluves enchanteurs des beignets frais.

— Des beignets, expliqua fièrement Tilda tandis qu'Elida avait déjà mis le café en route.

Ils furent bientôt tous les trois installés à la petite table de la cuisine à boire le breuvage chaud en dégustant les beignets frais.

— Vous connaissez votre affaire, les complimenta Alvar en croquant dans le sucre en poudre.

— Bah, cela fait si longtemps que nous en préparons.

— C'est tellement paisible et douillet ici, soupira Alvar. Si éloigné du stress et des pots d'échappement.

Les sœurs eurent un peu honte lorsqu'elles songèrent à tous les soucis qu'elles avaient eus ces derniers temps avec leur nouvelle entreprise. Elles avaient caché les bocaux et le reste dans le lavoir pour plus de sécurité. Elles avaient juré leurs grands dieux que la potion aphrodisiaque resterait un secret bien gardé.

En prenant le café, les sœurs évoquèrent les vieilles traditions de Noël et Alvar ne s'en lassait pas. Il ne les quitta qu'à 20 heures et ils avaient alors décidé de fêter Noël ensemble. Comme Alvar avait lui aussi apporté des provisions pour le réveillon, ils s'étaient mis d'accord pour faire pot commun en quelque sorte et partager ce qu'ils avaient acheté et préparé.

Les demoiselles éprouvaient un sentiment d'irréalité et, n'eût été le parfum entêtant des jacinthes qui s'attardait après le départ d'Alvar, elles auraient pu croire que tout cela n'était qu'un rêve.

— Tu te rends compte, Elida, nous allons fêter Noël avec le directeur de bureau Klemens. Si seulement Rutger savait !

Elles ne dormirent pas beaucoup cette nuit-là, car la conversation se poursuivit dans le vieux lit en fer forgé.

— Tu crois que nous aurons assez de nourriture ? s'inquiéta Tilda.

— Bien sûr, répondit Elida, mais nous devrions peut-être préparer un peu de bouillie de flocons d'avoine.

— Ou carrément acheter du poisson mariné, suggéra Tilda.

Elles avaient déjà décidé de se rendre à Simrishamn le 23 pour vérifier la boîte postale et elles pourraient profiter de ce passage en ville pour compléter leurs emplettes.

Tilda était déjà endormie lorsque Elida s'aperçut qu'elles avaient oublié de retirer leur dentier. Elle ôta le sien avec soin et le posa sur son chevet. Elle hésita à réveiller Tilda. Mais elle était enfin réchauffée et ne voulait pas qu'elles aient à se lever et que le froid s'immisce de nouveau entre les draps. Elle passa sa langue sur ses gencives dénudées plusieurs fois, puis le sommeil la gagna elle aussi.

15

Dès 9 heures le lendemain matin, les demoiselles attendaient le bus qui les mènerait en ville. À cet instant-là, Alvar arriva dans sa grosse voiture rutilante. En les voyant, il s'arrêta et baissa sa vitre.

— Ces dames accepteraient-elles que je les conduise en ville ?

Et elles se retrouvèrent droites comme des I à l'arrière du véhicule d'Alvar, en route pour la ville, avec leurs sacs à commissions sur les genoux. Karna Bengtsson était justement à l'épicerie et les sœurs se redressèrent encore davantage pour qu'elle ne les rate pas. Lorsqu'ils furent presque arrivés à destination, Alvar déclara :

— J'avais l'intention d'aller acheter quelques spiritueux.

— Nous allons à la poste, répondit Tilda.

— Pour envoyer un colis, s'empressa d'ajouter Elida afin de l'empêcher de commettre une gaffe.

— Bien, commenta Alvar. Dans ce cas, je vais vous déposer à la poste et nous pouvons nous retrouver sur la place dans une heure. Cela vous convient ?

— Parfait, confirma Tilda. Nous n'avons qu'une seule course à faire après l'expédition du paquet.

Elles furent bientôt sur le perron de la poste. Elles s'assurèrent d'abord qu'Alvar ait disparu avant d'oser s'approcher des boîtes postales et d'insérer leur clé dans celle portant le numéro 108. Quand Elida entrouvrit le battant, un flot de lettres s'en échappa et, terrorisée, elle le referma d'un coup sec. Les sœurs lancèrent des regards effrayés autour d'elles pour voir si quelqu'un avait été témoin de la scène.

Des gens entraient et sortaient, mais personne ne semblait avoir remarqué quoi que ce soit. Les demoiselles restaient comme pétrifiées.

— Ouvre, bon sang ! l'exhorta Tilda.

— Mais tu n'as pas vu ? Elle est pleine…

Elida ouvrit de nouveau le battant tandis que Tilda tenait un cabas sous la boîte pour y faire tomber les lettres.

— Regarde, maman, tout le courrier ! s'exclama un enfant.

Se sentant prise en flagrant délit, Elida reclaqua le battant sans se rendre compte que Tilda avait un doigt dans l'ouverture. Au cri de douleur de celle-ci, elle ouvrit la boîte si vite qu'un tas de missives tomba par terre. Les sœurs s'empressèrent de s'accroupir pour les ramasser et les fourrer dans le cabas.

Les deux filles du forgeron Svensson étaient donc là, avec un cabas plein de commandes pour des potions aphrodisiaques. Leur cœur battait à tout rompre et leurs joues s'empourpraient d'excitation. Une fois dans la supérette, elles étaient encore trop retournées pour être capables d'effectuer des emplettes de manière raisonnée. Elles saisirent donc des articles au hasard sur les rayonnages et en oublièrent le poisson mariné.

Lorsqu'elles remontèrent dans la voiture d'Alvar, elles se sentaient aussi fatiguées que si elles avaient une longue journée de labeur derrière elles.

— Les gens sont complètement fous, commenta Alvar.

— Oui, répondit Elida sur un ton las.

— Vous avez pu envoyer votre paquet comme vous le vouliez ? s'enquit Alvar.

— Quel paquet ? s'étonna Tilda et Elida lui donna un violent coup de coude.

— Oui, oui, notre colis est parti, intervint Elida d'une voix ferme. C'était un cadeau de Noël pour notre frère, à Örebro.

C'est à cet instant seulement que les sœurs se rendirent compte qu'elles avaient omis d'envoyer une carte de vœux à Rutger et Marianne.

De retour chez elles, aucune ne mentionna les lettres. Dans un silence complice, elles gagnèrent le lavoir et posèrent le cabas à côté des bocaux.

Elles s'entraidèrent pour ranger leurs achats dans les placards, puis s'attablèrent, épuisées. Cela faisait un peu trop pour elles, entre les préparatifs de Noël avec Alvar et toutes ces lettres. Il était étrange que le grand bouleversement engendré par toutes ces commandes n'entraîne aucune discussion. On aurait dit que ni l'une ni l'autre n'osait se lancer, qu'elles s'inquiétaient de ne pas réussir à gérer la situation et qu'elles avaient un peu honte. Oui, il y avait de tout cela. Mais elles n'en soufflèrent pas un mot.

— Nous devrions appeler Rutger pour lui souhaiter un joyeux Noël, déclara Tilda.

— Oui, soupira Elida en rougissant à la pensée que, pour la première fois, elles avaient oublié d'envoyer une carte de vœux à leur frère et sa famille.

— Il faut que nous nous montrions un peu plus douces à son égard, ajouta Tilda. Les dernières fois, c'était sans doute un peu inconvenant.

Elida gagna le hall et composa le numéro de Rutger.

— Bonjour, Rutger, c'est Elida. Tilda et moi voulions juste te souhaiter un joyeux Noël. Nous n'avons pas envoyé de carte cette année, tu comprends. Oui, oui, nous allons bien.

Tilda lui adressa un signe de tête approbateur.

— Mais nous avons été très occupées. Il y a toujours beaucoup de choses à faire, tu sais.

Tilda s'était levée et chuchotait à présent à l'oreille de sa sœur.

— Dis-lui que nous ne serons pas là à Noël.

— Chut, lui intima Elida. C'était juste Tilda, reprit-elle. Elle voulait que je te dise que nous nous absentons pour Noël. Pour le réveillon, oui. Rutger, tu es toujours là ? Je ne t'entendais plus. Le directeur de bureau Klemens. Oui, il était seul et nous, nous sommes dans notre coin, alors nous nous sommes dit... Il en a après notre argent ? Non, il a sans doute tout l'argent dont il a besoin. Ce n'était pas gentil de ta part, Rutger. Ce n'est pas du tout le genre d'Alvar. Qu'as-tu dit ? Marianne s'en va sur la Côte d'Azur ? C'est loin ça, non ? Il n'y a pas de problèmes entre vous quand même ? Non, je pose la question parce qu'elle part seule.

Leur frère répondit en hurlant et sa voix emplit toute la maison.

— IL N'Y A PAS DE PROBLÈME ! Vous n'allez pas commencer, vous aussi !

— D'accord, dit Elida, effrayée par cet accès de colère. Nous nous demandions juste si... tu allais bien.

— JE VAIS BIEN, beugla de nouveau Rutger. ET IL N'Y A AUCUN PROBLÈME. Joyeux Noël !

Puis la communication fut coupée.

— Il a raccroché, lâcha Elida, médusée.

— Il n'a jamais fait ça, s'inquiéta Tilda. Quand Marianne est-elle censée partir ?

— Le 27.

— Nous devrions inviter Rutger quelques jours alors, enfin s'il peut prendre des congés.

— Et notre société, toutes les commandes ?

Tilda sursauta et porta la main à son bras gauche.

— J'ai des élancements au bras, s'étonna-t-elle. Pour de vrai.

Elle n'avait pas recouru à ce stratagème depuis longtemps et ce n'en était pas un à cet instant, car la sensation était bien réelle, ce qui l'effrayait. Elida parut également surprise de ce malaise et aida sa sœur à s'asseoir.

— Là, reste tranquille pendant que je nous prépare une bonne tasse de café.

Tilda avait l'impression d'aller déjà mieux, mais leur existence était chaotique. Vraiment. Autrefois, il pouvait ne se produire qu'un seul événement en six mois, mais là, les problèmes se succédaient, jusqu'à plusieurs le même jour.

Après avoir bu leur café et fait une petite sieste, les sœurs se sentirent mieux néanmoins. Elles décidèrent de laisser les commandes dans le lavoir jusqu'après Noël. Par ailleurs, elles résolurent que les tracas que leur causaient les préparatifs de Noël avec Alvar étaient des émois bienvenus. Restait le problème de Rutger, mais elles aviseraient. Après tout, ce n'était peut-être qu'une crise passagère.

— Nous devrions peut-être offrir un cadeau de Noël à Alvar, glissa Tilda à l'approche du soir.

— C'est idiot de commencer, répliqua Elida. Ces cadeaux de Noël ne sont qu'une histoire de troc. Mieux vaut s'acheter ce dont on a besoin soi-même.

Soudain, on aurait dit que le forgeron Svensson se trouvait dans la cuisine, car c'était précisément ce qu'il disait.

« Un échange de paquets. Des idioties et de l'argent jeté par les fenêtres », bougonnait-il toujours.

Pour autant, Elida n'était pas totalement insensible à la suggestion de Tilda. De plus, leur père était mort. Alors elle demanda avec prudence :

— Mais que pourrions-nous donner à Alvar ? Il a déjà tout.

Elles réfléchirent toutes deux longuement. Ensuite Tilda se dirigea vers le recoin où se trouvait son trousseau. Elle sortit le grand coffre marron, et les sœurs furent bientôt occupées à en explorer le contenu.

— Oh, regarde ! s'exclama Tilda. Les maniques rouges avec un cœur.

— Elles sont vraiment de saison, commenta Elida en riant. C'était quasiment la seule chose dans le coffre qui n'ait pas été réalisée par une personne de la maison.

— Maman les avait gagnées à la tombola de Noël de la Croix-Rouge.

— Et nous ne les avons jamais utilisées, ajouta Tilda en repoussant le coffre.

Aucune discussion ne fut nécessaire. Il était clair qu'elles estimaient l'une comme l'autre que ces maniques constituaient un cadeau adapté pour Alvar.

— Ne devrions-nous pas attendre, pour voir s'il nous offre quelque chose ?

Tilda pouffa.

— Comme s'il ne nous avait pas déjà gâtées ! Des chocolats, des fleurs et tous ces journaux.

— Oui, bien sûr, convint Elida.

Mais Tilda ne l'entendit pas, car elle était déjà en train de fouiller parmi les papiers dans le placard. Oui, elles avaient un placard où elles conservaient les emballages cadeau. Ceux qu'elles avaient eus avec les cadeaux de Noël et d'anniversaire de Rutger et de sa famille. Elles se disaient qu'ils pouvaient toujours servir. Certes, elles n'offraient plus jamais de présents, mais on ne savait jamais et, à cet instant précis, Tilda était heureuse qu'elles n'aient pas jeté ces beaux papiers. Elles avaient cessé d'offrir des cadeaux de Noël à Rutger et à sa famille quand ses enfants avaient quitté la maison, mais elles envoyaient toujours une carte de vœux et Tilda eut de nouveau honte lorsqu'elle songea à leur oubli.

— Celui-ci devrait convenir, non ? demanda Tilda en montrant un emballage rouge brillant avec des petites décorations blanches évoquant des cristaux de neige.

Elida examina le papier d'un œil critique et passa la main dessus pour lisser un pli.

— On ne verra rien quand le paquet sera fait, la rassura Tilda.

Elle emballa d'abord les maniques dans du beau papier de soie, puis dans la feuille brillante.

Elida avait disparu dans le séjour. Tilda l'entendit farfouiller dans un tiroir et sa sœur ne tarda pas à apparaître sur le seuil, toute fière, un ruban de soie rouge à la main.

En tout cas, le paquet était beau. Elles le déposèrent sur l'étagère d'angle et purent le regarder à leur aise le reste de la soirée.

16

Le matin du 24, tout scintillait de blanc. Le soleil brillait et la neige fraîche alourdissait les branches. On aurait vraiment dit un jour de Noël d'antan, avec toute l'excitation et les odeurs qui émanaient du fourneau. Tilda sortit ses bottes hautes du placard. Il y avait une épaisse couche de poudreuse et une petite congère se formait près des toilettes.

L'après-midi, tout était prêt. Le riz au lait attendait dans le vieux plat Höganäs et des mets délicats reposaient sur la table de la cuisine. Les vitres étaient embuées par les autres délices qui cuisaient et mijotaient sur le fourneau. Alvar leur avait dit ce qu'il avait l'intention d'apporter afin qu'ils ne se retrouvent pas avec deux jambons ou deux pâtés de tête. Cela dit, ces mets annoncés n'avaient absolument jamais figuré sur la liste des courses des sœurs, ce qu'il ne pouvait évidemment pas savoir.

La dernière heure avant l'arrivée de leur voisin s'étira en longueur. Les demoiselles rajustèrent la nappe, déplacèrent des plats et se jetèrent des coups d'œil dans le miroir de temps en temps.

Elles avaient les joues rouges d'être restées devant le fourneau et Tilda avait regardé dans son vieux sac à main si sa poudre s'y trouvait encore, pour cacher ses rougeurs. Mais lorsqu'elle trouva son poudrier, un souvenir lui revint soudain. Bien des années auparavant, elle avait oublié son sac devant les toilettes un soir qu'elles rentraient après une réunion paroissiale. Il avait plu toute la nuit et quand elle l'avait retrouvé le lendemain matin, il était trempé. Ce sac avait appartenu à sa mère et il était en cuir véritable, alors Tilda n'avait pas voulu le jeter, même si la pluie lui avait donné un aspect de carton. Il y avait une auréole blanche d'humidité sur son rabat. La poudre avait pris l'eau et s'était ensuite figée en séchant. Bon, pensa Tilda, ça ira comme ça.

Alvar fut comme toujours ponctuel et à 18 heures précises, elles l'entendirent débarrasser ses chaussures de la neige sur le perron. Tilda parvint à lui ouvrir avant qu'il n'ait eu le temps de frapper. Elle savait qu'il aurait les bras chargés.

— Joyeux Noël dans la chaumière ! lança-t-il avec un sourire à peine visible derrière tous les sacs et paquets qu'il portait.

Tilda et Elida se pressèrent contre le plan de travail quand il commença à tout déballer.

— De l'anguille fumée, du saumon mariné, de l'agneau, de la poitrine de dinde fumée et du vin de Noël. Comme je ne suis pas un fin cuisinier, j'apporte les plats les plus basiques, déclara-t-il en riant avant de se taire soudain lorsque ses yeux tombèrent sur la table qu'elles avaient dressée.

Il la considéra longuement sans bouger ni rien dire. Tilda et Elida commencèrent à s'inquiéter. Avaient-elles oublié quelque chose, par hasard ?

— Quelle magnificence ! finit par s'exclamer Alvar en se frottant le ventre. Je n'ai jamais vu un tel festin, mais vous n'auriez pas dû vous donner tout ce mal, déclara-t-il, impressionné.

Les sœurs éprouvèrent une fierté sans bornes.

— Bah, commenta Tilda, ce ne sont que les plats de Noël traditionnels.

Elle n'osa pas regarder sa sœur, car ce n'était pas l'exacte vérité. Il n'y avait pas eu autant de plats de Noël différents sur leur table depuis leur enfance, quand toute la famille venait leur rendre visite. Alvar s'avança vers le fourneau et souleva le couvercle de l'une des marmites. Il grogna de volupté.

— Du chou maison, vous savez vraiment ce dont un pauvre vieux garçon a besoin.

Tilda et Elida avaient toutes les deux vu qu'il y avait deux paquets au fond de l'un des sacs, ce qui attisait évidemment leur curiosité.

— Auriez-vous un petit faitout ? s'enquit Alvar en ouvrant une bouteille, et les sœurs le considérèrent avec étonnement. Je pensais commencer par un peu de vin chaud de Noël.

Tandis que Tilda sortait une cocotte émaillée, Alvar prépara un sachet de raisins secs et d'amandes.

— Ah oui, du glögg, commenta Elida, comme si elles en buvaient tous les ans.

Mais lorsque Alvar sortit les raisins secs et les amandes, elle se souvint qu'elles en avaient effectivement bu chez Rutger et Marianne bien des années auparavant.

D'agréables senteurs d'épices se diffusèrent dans la cuisine et ils ne tardèrent pas à être assis côte à côte sur la banquette, un verre à la main chacun. Oui, les sœurs n'avaient pas de tasses à vin dans leurs vieux placards, mais Alvar leur avait assuré qu'on pouvait tout aussi bien le déguster dans des verres ordinaires.

— Joyeux Noël à vous ! lança-t-il en levant son verre.

— Joyeux Noël à toi ! répondirent les demoiselles Svensson avant de boire une gorgée.

Tilda manqua de s'étouffer, comme ce jour de l'Avent où elles s'étaient préparé un café-goutte. Le breuvage procurait une impression de chaleur plaisante et les sœurs sentirent un véritable bonheur envahir leur corps dégingandé. Alvar les servit de nouveau sans qu'elles se fassent prier.

— Assieds-toi, s'il te plaît, l'invita Tilda en tirant une chaise.

Alvar n'en finissait plus de manger. Il était comme un coq en pâte et complimentait ses voisines. Tilda et Elida aussi mangeaient de bon appétit. Les plats avaient toujours meilleur goût lorsqu'on avait de la compagnie. L'anguille fumée fondait dans la bouche et le saumon était une découverte pour elles. L'agneau était bon, certes, mais cette viande posait davantage de problème, car elle requérait plus de mastication. Comme d'habitude, le vin cuit et le schnaps avaient fait se rétracter leurs gencives. Ils mangèrent longuement tout en riant et bavardant, et ce ne fut que deux heures plus tard que la dernière cuillerée de riz au lait rejoignit les autres plats dans leur estomac plein. Ils s'entraidèrent pour débarrasser la table, oui, y compris Alvar. Rutger ne se serait jamais donné cette peine. Il estimait que c'était une affaire de femmes et allait toujours s'allonger dans le canapé en attendant que tout soit rangé dans la cuisine.

Pour la première fois, Rutger et Marianne fêtèrent Noël seuls. Leurs enfants étaient chez leurs beaux-parents respectifs, si bien que la maison leur semblait déserte. Rutger avait exigé qu'il ne manque rien sur la table. Marianne avait argué que ce n'était pas utile de trop en faire, dans la mesure où ils n'étaient que tous les deux et où elle allait bientôt partir sur la Côte d'Azur. Comme toujours, c'était Rutger qui l'avait emporté et la table regorgeait de mets délicieux.

— Le directeur de bureau Klemens, pouffa Rutger. Je me demande sur quel genre d'hurluberlu elles sont tombées.

Il éprouvait à la fois de la curiosité et de la peur. Ses sœurs avaient changé et il sentait qu'il avait perdu son ascendant sur elles.

— Prends un peu de jambon, Rutger, l'invita Marianne avec gentillesse. Il est à la fois maigre et bon.

— COMMENT ÇA, MAIGRE ? demanda Rutger.

— Maigre, oui, je veux dire qu'il n'est pas trop gras.

— Même le soir du réveillon, tu ne peux pas t'en empêcher. Tu crois peut-être que je ne vois pas où tu veux en venir. Maigre, comme si j'étais trop gros et qu'il fallait me mettre au régime. C'est ça que tu voulais dire ? C'EST ÇA ?

Marianne dut se mordre la lèvre pour ne pas se mettre à pleurer et ils mangèrent dans le silence le plus complet.

— Passe-moi le fromage, siffla Rutger. J'espère qu'il n'est pas aussi gras que moi. EST-CE QU'IL L'EST, MARIANNE ? MAIS RÉPONDS, BON DIEU ! Est-ce que le fromage est gras, vieux et répugnant comme moi ?

Il se leva d'un bond, les bras écartés. Marianne ne répondit pas. Elle garda les yeux rivés sur son assiette et sentit la nourriture former une boule dans sa bouche. Rutger se laissa retomber sur sa chaise et lança un regard prudent à son épouse.

— Bon, buvons un petit verre, ma chérie, déclara-t-il avec un entrain surjoué.

C'était ça qui était difficile avec Rutger : on ne savait jamais s'il s'agissait d'ironie ou d'amabilité. Marianne brandit son verre d'un geste raide et leva vers Rutger des yeux prudents. Oui, ces yeux avaient retrouvé un peu de leur chaleur, mais elle resta quand même aux aguets, comme si elle attendait la prochaine explosion.

À Borrby, l'atmosphère était joyeuse et sans faux-semblants. Alvar avait posé le plat de riz au lait par terre et proposé qu'ils dansent autour.

— Le corbeau passe au-dessus de la glace, le corbeau passe au-dessus de la glace.

— Je n'en peux plus ! dit Tilda en riant et elle se jeta à genoux.

— Espèce de mauviette, la chahuta Elida. Bon, il est temps de prendre le café avec un morceau de gâteau.

Alvar se fit soudain sérieux.

— Je ne me suis pas autant amusé depuis des années et c'est grâce à vous.

Il se dirigea vers son sac et en sortit les deux paquets qu'il offrit aux deux sœurs.

— Mais enfin, ce n'était pas nécessaire…

— Si, c'est la moindre des choses. Ce n'est qu'une babiole pour marquer le coup, pour le réveillon.

Tilda et Elida tripotèrent leur paquet, comme si elles craignaient de retirer le beau papier et le ruban doré.

— Ouvrez-les ! lança Alvar avec impatience.

Elles entreprirent de déplier l'emballage avec une infinie délicatesse. La boîte à l'intérieur était fermée avec de l'adhésif et elles mirent un certain temps avant de découvrir son contenu.

Les sœurs en eurent le souffle coupé. Chacune une écharpe de soie, et une paire de gants en peau !

— Oh ! Merci… c'est beaucoup trop.

— Mais non ! Vous valez de l'or, seulement il va falloir que vous vous contentiez de ça, répondit Alvar en riant.

— Allons chercher les tasses dans le séjour, dit Tilda à sa sœur.

— Les tasses ? s'étonna Elida. Nous les avons déjà préparées.

— Pas celles-là, répliqua Tilda et elle traîna presque sa sœur dans le séjour.

— Mais qu'est-ce qui te prend ? demanda Elida. Je te dis que nous avons…

— Tu ne comprends pas ? Nous ne pouvons pas juste offrir ces maniques en coton à Alvar.

Elida lui adressa un sourire chaleureux.

— Nous ne pourrions pas lui donner les quatre verres à whisky gravés de papa ? Nous ne nous en servons jamais.

— Si, convint Elida, mais ils ne sont pas emballés.

— Qu'est-ce que vous complotez ? cria Alvar depuis la cuisine.

Les sœurs s'empressèrent d'aller le rejoindre. Elida gagna le placard d'angle, prit le paquet et le tendit à Alvar.

— C'est surtout une plaisanterie, annonça-t-elle tandis que Tilda filait chercher les verres dans le séjour.

— Voyez-vous ça ! s'écria Alvar, ravi. Comment saviez-vous que je me brûle toujours ?

Il leur montra une marque de brûlure sur le dos d'une de ses mains.

— Elles sont belles. Merci.

— Eux, nous ne les avons pas emballés, mais ils sont pour toi, annonça Tilda en posant les verres sur la table.

— Non, je ne peux pas accepter, protesta Alvar.

— Ils appartenaient à notre père, expliqua Elida avec fierté, mais nous ne les utilisons jamais.

Alvar passa un doigt délicat sur la gravure.

— Ils sont absolument magnifiques, commenta-t-il avant de se lever et d'étreindre ses voisines.

Ils furent bientôt tous autour du café et des pâtisseries de Noël.

— Je n'oublierai jamais ce Noël, déclara Alvar. Exactement comme ceux de mon enfance avec tous les plats, les bougies, les anges et l'affreux renne.

Assurément, ils rirent souvent ce soir-là, et Alvar ne rentra chez lui que vers 23 heures. Tilda et Elida restèrent encore longtemps debout, à simplement savourer l'instant. Elles passèrent leurs nouvelles écharpes autour de leur cou et jetèrent des regards timorés dans le miroir. Enfin elles déposèrent leurs cadeaux sur leur chevet et, avant d'éteindre la lumière, Elida dit :

— C'était un vrai réveillon de Noël, Tilda.

Le froid faisait craquer les branches dans le jardin et des cristaux de neige scintillaient sur l'appui de la fenêtre, mais à l'intérieur de la maison, les odeurs et la chaleur s'attardaient.

À Örebro, chez Rutger et Marianne, le réveillon était fini aussi. Rutger avait fait preuve de gentillesse le reste de la soirée, mais l'esprit de Noël n'avait pas été réellement présent. Rutger dormait à poings fermés tandis que Marianne fixait le plafond. Ses enfants lui manquaient, de même que sa jeunesse et les Noëls d'antan. Elle se recroquevilla en une petite boule et se sentit infiniment seule.

17

La veille du départ d'Alvar leur parut aussi triste que le jour de leur séparation à la fin de l'été. Pour autant, une certaine excitation avait refait surface. Dans le lavoir, toute une série de bocaux n'attendaient que d'être remplis de potion aphrodisiaque. Le vieux cabas, lui, était plein à craquer de commandes et les sœurs n'allaient donc certainement pas manquer d'occupation dans un proche avenir. Alvar leur avait rendu visite plusieurs fois pendant les vacances et les avait aidées à finir le reste des plats de Noël. Comme toujours, il ne cessait de les complimenter et les demoiselles se délectaient de toute cette attention. Il leur semblait soudain que leur existence avait un sens.

Alvar n'était pas encore arrivé à la première intersection que les sœurs pataugeaient déjà dans l'épaisse couche de poudreuse pour gagner le lavoir. Le grand appareil que Rutger avait utilisé pour concocter du vin se dressait tel un monument à la gloire d'une époque révolue. À côté, il y avait un traîneau aux patins rouillés. Les bocaux étincelants étaient alignés sur le vieil établi du forgeron Svensson, les outils de jardin soigneusement disposés à son extrémité. Tilda et Elida lancèrent des regards prudents autour d'elles, pour s'assurer qu'elles étaient bien seules, mais les lieux étaient aussi déserts que d'habitude. Les toiles d'araignées oscillaient au vent et l'odeur de moisi se mêlait à celle des pommes. Il faut dire qu'elles n'avaient pas eu le loisir de faire des conserves avec la récolte de l'année, mais elles avaient quand même disposé quelques kilos des meilleurs spécimens sur des journaux pour pouvoir en manger de temps en temps pendant l'hiver.

À l'instant où elles s'apprêtaient à quitter le lavoir, elles entendirent le bruit d'un moteur et se dirigèrent en hâte vers la maison. La voiture passa à vive allure et les sœurs poussèrent un soupir de soulagement. Celui de Tilda fut si violent que les mèches de cheveux qui étaient tombées sur son front se levèrent à la verticale et formèrent comme une antenne dont les râteaux pointaient vers la petite arrière-cuisine.

Elles frottèrent énergiquement leurs semelles pour se débarrasser de la neige et posèrent leurs bottes sur les journaux qu'elles avaient préparés près de la porte. Oui, les journaux leur servaient vraiment beaucoup. Elles y étalaient des pommes, allumaient le poêle avec, les utilisaient aux cabinets et, là, elles y mettaient leurs bottes mouillées.

Les petites fenêtres de l'arrière-cuisine avaient de fins rideaux de tulle et des fleurs en plastique de coloris variés ornaient les appuis dont la peinture verte s'écaillait.

Dans les jours précédant Noël, Elida avait mis du coton entre les doubles vitrages et déplacé des petits champignons rouges et des pommes de pin.

Tilda aligna les bocaux à confiture sur l'évier et Elida déversa toutes les commandes sur la table, puis elles s'assirent, mais il ne se produisit rien de plus après. Elles brassèrent distraitement les commandes. Cette situation était inouïe pour les sœurs et elles ne savaient pas vraiment comment la gérer.

— Allons-nous les compter ? s'enquit Tilda, surtout parce qu'elle sentait qu'elle devait dire quelque chose.

— Bah, il y en a le même nombre que le total, rétorqua Elida.

Elle tenait ça de sa mère. Elle se sentait toujours extrêmement frustrée lorsqu'elle était consciente de ne pas contrôler la situation. Comme le jour où Elna avait dû aider la présidente de l'atelier de couture de la paroisse à établir une liste des gagnants de la tombola. Malgré tous ses efforts, elle n'avait jamais pu se satisfaire de son écriture et avait rabroué son mari lorsqu'il lui avait demandé si elle n'avait pas vu ses bretelles.

« Tu ne vois pas que je suis occupée à écrire ? » avait-elle lancé avec irritation.

« Est-ce que je le vois ? Je le vois, je l'entends et je le sens. Mais bon Dieu, ce n'est quand même pas cette liste qui est le premier prix de la tombola ? Venez les enfants, allons dans le jardin jusqu'à ce que le calme soit revenu ici. Tiens, tu as peut-être donné mes bretelles pour la tombola », avait ensuite ajouté le forgeron avant de s'éclipser à pas feutrés en compagnie de ses deux filles.

Oui, il était fondamentalement bienveillant et avait de l'humour, même s'il lui arrivait de lâcher une indélicatesse.

— Regarde, dit Tilda, il y a une commande de Stockholm.

— Montre ! s'exclama Elida avec suspicion. Ah oui, tiens donc. Dire qu'ils nous écrivent pour que nous les aidions !

— Et si ça ne fonctionne pas ?

— Ne dis pas de bêtises ! protesta Elida.

Elle avait vraiment l'air sûre d'elle. On voyait qu'elle s'était ressaisie.

— Il faut que nous nous organisions, ajouta-t-elle, surprise elle-même du mot qu'elle venait d'employer.

— Empile toutes les commandes avec le texte sur le dessus.

— Pourquoi donc ? demanda Tilda sur un ton hésitant.

Ça, Elida l'ignorait, mais elle sentait qu'elles devaient commencer quelque part.

Juste à l'instant où Elida avait fini une belle petite pile bien nette, Tilda hurla :

— REGARDE !

Elida se pencha sur le papier. Aussitôt elle bondit en arrière et porta la main à sa poitrine.

— Doux Jésus, Tilda ! Laisse-moi voir ça encore une fois, dit-elle, et elle arracha presque le coupon des mains de sa sœur.

Marianne était en train de s'enregistrer à l'aéroport. Rutger, lui, faisait les cent pas telle une âme en peine. Il devait sans cesse rallumer son cigarillo parce qu'il oubliait de tirer dessus.

— Bon, pense bien à arroser les fleurs, Rutger, déclara Marianne.

— Je ne vais rien oublier. Sois tranquille. Je m'en sortirai sans doute, d'une manière ou d'une autre. Profite bien de ton séjour. Ne pense pas à moi, contente-toi de t'amuser et de te détendre.

Le ton ironique était de retour. S'il croyait réussir à lui donner mauvaise conscience, il se trompait, car Marianne avait vraiment le sentiment d'avoir mérité ces vacances. On appela les passagers pour son vol. Marianne s'avança vers Rutger et lui déposa un baiser sur la joue.

— Prends soin de toi. Je t'appelle.

Rutger passa maladroitement le bras autour de sa taille.

— Toi aussi. Amuse-toi bien.

Marianne n'entendit pas ces derniers mots, car elle avait déjà disparu dans la cohue.

Attends de rentrer à la maison, pensa Rutger, et tu vas voir ce que je te réserve. Il se redressa, plaça une main sur son embonpoint et essaya de prendre une grande bouffée de son cigarillo qui s'était déjà éteint.

Malgré ses grands airs, Rutger avait peur pour son mariage et sa déficience au lit l'effrayait. En revanche, ce qu'il ignorait, c'est que ses sœurs étaient précisément en train d'étudier sa commande dans leur petite maison familiale du 13/83, à Borrby. Le forgeron Svensson avait vraiment eu de la chance de mourir, car cela lui évitait d'être témoin de tous ces événements pour le moins étranges.

— Mais nous ne pouvons quand même pas *lui* envoyer notre élixir, déclara Elida, consternée. Imagine, s'il reconnaît les bocaux à confiture de maman !

— Nous pourrions récupérer le flacon de mes laxatifs, suggéra Tilda. Je n'en ai plus l'utilité depuis longtemps.

— Penses-tu, si nous pouvions sauver le mariage de Rutger et de Marianne… reprit Elida, qui avait compris que quelque chose clochait : d'abord, Marianne qui partait sur la Côte d'Azur et maintenant, cette commande de Rutger.

Les choses avaient changé du tout au tout dans la petite maison. La routine auparavant si bien établie avait volé en éclats. Les sœurs se rendaient de moins en moins souvent à l'église et elles faisaient leurs courses une fois par semaine pour ne pas avoir à aller au magasin tous les jours.

Ce soir-là, derrière les rideaux fermés, elles avaient préparé leur première livraison. Elles avaient planifié les commandes, ce qui impliquait d'envoyer dix-sept colis par jour. D'après leurs calculs, il leur faudrait deux semaines pour honorer toutes les demandes.

Tilda avait sorti un papier et un crayon. Au bout d'un moment, elle en avait eu le souffle coupé. Elle avait tendu la feuille à sa sœur et, l'air effrayé, lui avait demandé :

— Elida, c'est exact ?

— Comment ça, exact ?

— 47 600 couronnes, avait annoncé Tilda d'une voix éteinte.

Elida lui avait arraché le papier des mains et avait refait les additions en silence.

— Comment peut-on arriver à une telle somme ?

— Mais l'alcool est cher, avait glissé Tilda. Le café aussi.

— Nous n'allons pas tarder à pouvoir nous offrir chacune nos water-closets, déclara Elida, un sourire sur les lèvres.

— Ensuite, nous arrêtons.

— Remarque, nous aurions aussi besoin de réviser la toiture.

Ce soir-là, lorsqu'elles allèrent se coucher, la première livraison était prête. Elida avait eu du mal à emballer la commande de Rutger sans y joindre un mot de salutation.

— Idiote, tu sais bien que nous ne pouvons pas le faire, l'avait rabrouée Tilda.

— Non, mais étant donné que l'affranchissement sera de toute façon payé, ça fait un peu bizarre de ne pas ajouter un petit mot.

Elida comprenait évidemment que c'était impossible, mais elle avait hérité de sa mère le sens de l'économie, entre autres, et elle avait du mal à s'en défaire.

« Vous auriez économisé un timbre si vous en aviez profité pour glisser une lettre », leur aurait sûrement dit Elna si elle avait encore été en vie. Certes, son sens de l'économie était parfois excessif, mais il faut dire qu'ils ne roulaient pas sur l'or, ce qui rendait cette vertu nécessaire. Et puis, Elna avait autre chose en tête : elle voulait leur apprendre à économiser. Parfois, quand Rutger leur téléphonait et parlait trop longtemps, elle l'interrompait.

« Nous nous verrons à la fête des Mères, Rutger. Tu pourras me raconter tout ça à ce moment-là. Inutile de jeter l'argent par les fenêtres. N'oublie pas que cette conversation coûte cher. »

Rutger s'était souvent senti malheureux et frustré après ces appels. Lorsqu'il lui était arrivé quelque chose d'amusant ou de passionnant, il voulait le raconter tout de suite, pas à la fête des Mères, qui pouvait tomber deux mois plus tard.

Oui, Elida avait hérité du sens de l'économie de sa mère, mais les sœurs seraient bientôt dans une meilleure situation et pourraient peut-être s'accorder quelques luxes, comme appeler Rutger plus souvent ou s'acheter chacune une nouvelle robe.

Elles n'avaient pas vu passer la journée et toutes deux s'endormirent avant même d'avoir eu le temps de se souhaiter bonne nuit.

18

En rentrant de l'aéroport, Rutger s'arrêta à un débit de tabac. Il voulait avant tout s'acheter de cigarillos, mais tandis qu'il attendait son tour, les barres de chocolat lui faisaient de plus en plus les yeux doux. Bah, Marianne n'était pas là alors il échapperait à tout commentaire désobligeant.

— Une boîte de Havana 2 et trois Daim, demanda Rutger.

Lorsque la vendeuse eut posé ses articles sur le comptoir, Rutger regarda autour de lui pour s'assurer d'être seul dans la boutique.

— Et *Playboy*, ajouta-t-il rapidement avant de feindre de chercher quelque chose dans son portefeuille.

— Autre chose ? s'enquit la vendeuse, toujours imperturbable.

— Non merci, répondit Rutger en évitant de croiser son regard.

Une fois qu'il eut payé, il s'empressa de prendre ses achats et de disparaître. Il prit une profonde inspiration, fourra le magazine dans la poche intérieure de son manteau et se hâta vers l'arrêt de bus.

De retour chez lui, il laissa le magazine dans son manteau. Il erra sans but dans la maison, puis s'assit et saisit un quotidien, qu'il avait déjà lu, avant de le bazarder avec irritation. Il fixa ensuite le mur devant lui avant de se lever et de gagner la cuisine pour se préparer un café. Pendant qu'il coulait, il ferma la porte d'entrée à clé, puis il récupéra les chocolats et le magazine et les posa sur la table de la cuisine. Sur la couverture figurait une belle jeune femme aux jambes écartées. Elle était complètement nue. Elle affichait un sourire racoleur et tenait fermement l'un de ses mamelons. Rutger s'empressa de retourner le magazine. Il sortit une tasse et se servit un café tout frais. Il ouvrit ensuite la première barre de chocolat, en croqua un morceau, ferma les yeux, fourra le reste dans sa bouche. Il prit une profonde inspiration et ouvrit la première page du magazine. Il découvrit un reportage sur le trafic de drogue à Stockholm. Il se mit à lire. Au bout d'un paragraphe, il tourna rapidement quelques pages, se sentit gêné et revint au reportage. Il déballa une autre barre de chocolat, se redressa et feuilleta le magazine avec précaution. Ces filles étaient belles, constata-t-il, des beaux corps juvéniles. Rutger s'attarda un peu sur une page et sentit un frisson d'excitation parcourir son corps. Il y avait également des hommes sur ces photos, des hommes nus qui n'avaient manifestement pas besoin de commander des potions aphrodisiaques. Mais il faut dire que les filles leur faisaient des choses que Marianne ne lui avait jamais faites. Face à ce spectacle, le cœur de Rutger accéléra. Puis une sonnerie de téléphone retentit, agressive. Rutger reposa brusquement sa tasse et s'empressa de glisser le magazine sous la nappe.

— Svensson, annonça-t-il d'une voix rauque. Bonjour, Tilda. Merci, toi aussi. Oui, elle est partie ce matin. Non, non, tout va bien.

Il se racla la gorge pour éclaircir sa voix.

— Oui, nous avons passé un bon Noël. Et vous ? Ah bon ? Des gants de peau, je vois. C'était gentil de sa part. Il est encore là ? D'accord. Merci, ce serait un plaisir, mais tu comprends, il faut que je reste à la maison en l'absence de Marianne. Pour les fleurs et tout ça. Mais je pourrai peut-être venir cet été et Marianne m'accompagnera. Qu'est-ce que vous avez de prévu pour cet été, m'as-tu dit ?... L'INSTALLATION DE TOILETTES À L'INTÉRIEUR ? !

Rutger tira une chaise et s'assit.

— Mais est-ce bien nécessaire ? poursuivit-il. J'ai dit ça ? Oui, peut-être, mais tout est devenu si cher ces derniers temps. Ah, vous avez l'argent. Dans ce cas. En tout cas, merci pour l'invitation. Nous vous appelons au retour de Marianne.

Après avoir raccroché, il resta immobile un long moment. Lorsqu'il retourna dans la cuisine, son café avait refroidi. Il vida sa tasse dans l'évier et s'en servit un autre. Il chercha la dernière barre de chocolat parmi les emballages et fut frustré de découvrir qu'il avait mangé les trois sans même s'en rendre compte. Avant de ressortir le magazine, il lança un regard vers le hall et le téléphone, comme pour s'assurer que Tilda ne pouvait pas l'observer.

L'excitation de Rutger grandissait à chaque page qu'il tournait et il ressentait même un chatouillis dans son pantalon à rayures. Cela l'irrita presque. Peut-être n'était-ce pas lui qui avait un problème. Était-ce tout simplement Marianne qui en avait un ? Au bout d'un moment, il comprit que ce n'était pas le cas. Mais elle allait voir ce qui l'attendait à son retour.

Rutger avait d'abord envisagé de garder le magazine pour pouvoir en profiter d'autres soirs, mais il songea alors à ce qui se produirait s'il succombait soudain à une crise cardiaque et tombait raide mort. Ce serait contrariant pour Marianne et les enfants de découvrir leur mari et père dans la maison avec un tel magazine. Ils pourraient même croire que c'était ce qu'il y avait vu qui avait provoqué son arrêt cardiaque.

Il le feuilleta une dernière fois avant de décider de le brûler dans le poêle en faïence. Il plaça du papier journal dessous, puis quatre gros morceaux de bois. Quand il fut certain que le feu avait pris, il entreprit de déchirer les pages une à une et les vit se réduire en cendres noires. Cette nuit-là, il dormit à poings fermés, un sourire de contentement sur les lèvres.

Les sœurs, elles, ne dormaient pas encore. Elles s'étaient rendues en ville pour expédier leur première livraison et en avaient profité pour relever leur boîte. Certes, il n'y avait pas eu autant de commandes cette fois-ci, mais tout de même, une dizaine.

Elles étaient également allées à la « pharmacie des pauvres », comme aimait à plaisanter Alvar, pour compléter leur stock de spiritueux en prévision des commandes à venir. Pour finir, elles avaient effectué un détour dans un supermarché pour la première fois de leur vie. Les lieux leur avaient paru grands et exotiques. Elles avaient apprécié toutes les belles choses qu'elles avaient découvertes dans les larges allées lumineuses.

— Nous devrions peut-être nous acheter du nouveau linge de corps, avait avancé Tilda avec prudence. Il y a tellement de nouveaux textiles qui sèchent vite.

Il faut dire que faire sécher le linge en hiver leur posait problème. L'été, elles pouvaient l'accrocher dans le jardin et laisser le soleil accomplir son œuvre, mais l'hiver, elles en étaient réduites à le suspendre au-dessus du fourneau. Leurs combinaisons roses en coton gansé de soie mettaient du temps à sécher et laisser ces vêtements au-dessus de leurs marmites lorsqu'elles avaient de la visite n'était pas idéal.

Elida n'avait pas répondu, mais elle s'était lentement approchée d'un rayonnage où s'étalaient des sous-vêtements de divers coloris.

— Il n'y a rien de décent ici, commenta-t-elle à voix haute. Les culottes ne sont pas plus grandes que les filtres à café !

— Je peux peut-être vous aider, offrit une vendeuse avenante aux longs cheveux noirs relevés en queue-de-cheval et aux ongles laqués de rouge qui s'affairait à étiqueter des bas un peu plus loin.

— Eh bien, nous voudrions du linge de corps, mais pas ce genre de choses, expliqua Tilda en désignant un petit triangle noir bordé de dentelle sur la tablette du haut.

— Je comprends, répondit la vendeuse avant de se pencher vers un tiroir et d'en sortir des culottes qui étaient sensiblement plus petites que celles que les sœurs avaient l'habitude de porter, mais néanmoins assez grandes pour couvrir ce qui devait l'être.

— Vous n'avez rien de plus grand ? s'enquit Elida.

La vendeuse glissa ses longs doigts sous le tissu et le tendit, comme pour leur montrer que la culotte était assez ample.

— Nous allons en prendre deux, annonça Tilda. Taille 44.

— 44 ? s'étonna la vendeuse. C'est bien pour vous, n'est-ce pas ?

— Oui, lui assurèrent les sœurs.

— Dans ce cas, un 40-42, tout au plus, déclara la vendeuse.

Et il en fut ainsi. Deux culottes taille 42 en coton et polyester.

Avant de rentrer chez elles, elles trouvèrent encore le temps d'acheter deux nouveaux stylos à bille et un livre de comptes pour leur nouvelle entreprise.

À leur retour, malgré leur emploi du temps chargé, elles avaient décidé d'inviter Rutger afin qu'il ne reste pas seul. Elles eurent honte de se sentir soulagées lorsqu'il déclina leur proposition.

— C'est sans doute mieux comme ça, commenta Tilda. L'été prochain, la maison sera un peu plus moderne et il sera plus facile d'y recevoir des invités.

— Où allons-nous mettre les W.-C. ? demanda Elida.

Elles n'avaient pas encore réfléchi posément aux travaux de modernisation qu'elles envisageaient. Ainsi n'avaient-elles pas pensé qu'il faudrait installer l'eau courante dans la maison. Elles disposaient bien d'un évier, mais aucune canalisation ne l'alimentait.

— Nous devrions en discuter avec le fils d'Olofsson, c'est lui qui effectue toutes les réparations pour les estivants. Il pourrait nous conseiller sur l'endroit où les mettre et nous indiquer combien cela coûterait.

Elles n'avaient pas acheté de denrées alimentaires en ville, car elles veillaient à privilégier l'épicier de leur village. Il suffisait de peu pour qu'on se mette à jaser et Karna Bengtsson était passée maître dans l'art de lancer des rumeurs. Non, on ne pouvait décidément pas lui faire confiance.

Le lendemain matin, les sœurs se rendirent donc chez l'épicier pour effectuer leurs emplettes.

— Ils ne percent pas quand même ? s'inquiéta le commerçant en désignant les filtres Melitta.

— Non, non, s'empressa de le rassurer Elida.

— Je me posais la question, reprit l'épicier, parce que vous en avez acheté un paquet familial la semaine dernière.

— En fait, nous avons égaré les autres, mentit Tilda avant de se forcer à rire.

— Ah, je vois. Nous commençons à prendre de l'âge, commenta le commerçant, l'air compréhensif. Notre mémoire nous fait parfois défaut. Mais attendez et vous allez les retrouver au dernier endroit qui vous serait venu à l'esprit. Mon épouse a perdu ses lunettes il y a un petit moment. Elle était désespérée, car elle pensait les avoir oubliées quelque part, mais deux ou trois jours plus tard elle les a retrouvées dans le freezer !

Il rit de si bon cœur que son stylo manqua de tomber de son oreille, puis il reprit son sérieux.

— Vous faut-il autre chose aujourd'hui ?

— Je ne pense pas, répondit Tilda en consultant Elida du regard.

Le dimanche, elles décidèrent d'aller à la messe. La moitié des livraisons étaient prêtes et elles avaient commencé à s'installer dans une certaine routine. Elles avaient bien sûr depuis longtemps épuisé tous les bocaux à confiture et s'étaient rabattues sur les flacons de médicaments pour les dernières commandes.

— Il faut absolument que nous achetions de nouveaux bocaux la prochaine fois que nous irons en ville, déclara Elida tandis qu'elle faisait chauffer de l'eau sur le fourneau.

La force de l'habitude voulait que ce soit toujours elle qui fasse sa toilette la première.

— Oui. Et des étiquettes aussi, confirma Tilda.

Elida ferma les rideaux et versa l'eau chaude dans la bassine émaillée jaune. Soudain, elle fut là en tenue d'Ève. Son corps était bien proportionné, mais son dos commençait à se voûter et ses jambes étaient de plus en plus maigrelettes et noueuses. Elle se servit d'un gant de toilette fait maison pour savonner et rincer soigneusement chaque millimètre carré de sa peau. Lorsqu'elle eut fini, elle enfila délicatement son nouveau linge de corps. Bon, la culotte n'était pas grande, mais il y avait assez de place pour l'essentiel.

Pendant que Tilda se livrait aux mêmes ablutions devant la vieille toilette, Elida sortit sa robe du dimanche. Elle mit un mouchoir propre dans son sac à main ainsi que le missel qu'on lui avait offert pour sa confirmation et une couronne pour la quête.

Les sœurs éprouvaient un réel sentiment de majesté lorsqu'elles se dirigèrent vers l'église. Certes, le froid leur pinçait un peu les cuisses parce que leurs nouvelles culottes ne descendaient pas jusqu'à leurs bas, mais elles se félicitaient de ne pas avoir acheté le modèle noir.

Comme toujours, l'atmosphère était solennelle dans la nef, entre les bougies, l'orgue et tous les fidèles en habits du dimanche. Il leur sembla que Karna Bengtsson les observait davantage que de coutume, mais elles redressèrent la tête, car elles n'avaient rien à cacher. Rien dont elles aient à avoir honte, en tout cas.

Le lundi, quand elles retournèrent en ville, les premiers paiements étaient arrivés par mandats. Elles se sentaient riches lorsqu'elles quittèrent la poste et s'arrêtèrent à la pâtisserie pour acheter un bon gâteau à emporter. Certes, elles avaient encore des desserts de Noël, mais un gâteau acheté dans le commerce, ce n'était pas la même chose.

Dès le lendemain, le fils d'Olofsson les rappela et il vint l'après-midi même.

— Nous voulons installer les W.-C. à l'intérieur, expliqua Tilda.

— Pas ceux qui sont dans le jardin, évidemment, précisa Elida, nous voudrions disposer de toilettes dans la maison pour ne plus avoir à sortir.

Le fils d'Olofsson se montra compréhensif et leur exposa les meilleures solutions. Il leur faudrait sacrifier une partie de leur chambre, mais cela ne les gênait pas vraiment. Du moment qu'on pouvait faire tenir le lit et les chevets, elles n'avaient pas besoin de davantage d'espace. Ce qui les inquiétait en revanche, c'était le coût beaucoup plus élevé qu'elles ne l'avaient escompté. De fait, il n'y avait pas seulement les toilettes, mais également le sol, les canalisations, les tapis et la porcelaine, bien sûr.

Avant le départ du fils d'Olofsson, elles avaient tout décidé dans les moindres détails. On allait amener des canalisations pour alimenter l'évier, des toilettes, une baignoire et un lavabo. C'était un grand jour dans la vie des demoiselles Svensson. Bon, elles avaient les moyens, ce n'était pas la question, mais cela faisait beaucoup d'émotions d'un seul coup.

Lorsqu'elles allèrent se coucher, inquiètes, elles se tournèrent et se retournèrent dans le lit.

— Je suis certaine que maman et papa auraient été enchantés de voir comme ça va être moderne et beau, déclara Elida.

Les sœurs pensaient toutes les deux à leur enfance. Cinq personnes, des toilettes à l'extérieur et pas d'eau courante. Et maintenant qu'elles n'étaient plus que deux, elles allaient disposer de tout le confort moderne. Elles se sentaient un peu gênées, mais se consolaient en se disant que c'était dans l'air du temps. Tout le monde disposait de W.-C. désormais. Et puis, si elles n'en avaient pas souffert à l'époque, c'était parce qu'elles ne connaissaient rien d'autre. Elles se souvenaient des soirs d'hiver, lorsqu'ils faisaient la queue devant les cabinets. Le forgeron Svensson leur racontait les histoires les plus effrayantes et parfois, elles étaient incapables de terminer leur affaire et se hâtaient de rentrer avant d'être totalement soulagées.

« Ça, c'est ce qu'on appelle un pipi éclair », commentait leur père quand, peu de temps après, elles soulevaient le couvercle du petit pot de chambre et finissaient de se soulager dans le récipient en porcelaine de Rörstrand. Oui, elles avaient beaucoup de souvenirs drôles. Comme la fois où Tilda et Elida avaient enfermé Rutger dans les cabinets. C'était Lantz, leur voisin, qui avait fini par l'entendre crier et l'avait libéré.

19

La petite rédaction qui employait Rutger ne comptait que neuf salariés. La plupart y travaillaient depuis de nombreuses années et ils se connaissaient par cœur. L'atmosphère était en général sans chichi, mais cordiale, même s'il leur arrivait d'être sous pression au moment du bouclage, ce qui pouvait entraîner quelques tensions.

Rutger balança sa serviette sur son bureau en sifflotant et adressa un sourire à ses collègues féminines. Il avait passé une bonne nuit. Son sommeil avait été réparateur et il se sentait reposé et léger. Lorsqu'il ouvrit le tiroir inférieur de son bureau en quête de papier, il vit les plans de rénovation de la maison familiale. Une onde d'amertume le parcourut. Ses projets de résidence secondaire s'étaient envolés en fumée. Comme il avait l'habitude d'obtenir ce qu'il voulait, il éprouvait une pointe de colère. Il n'aurait jamais imaginé que ce serait ses sœurs qui se mettraient en travers de son chemin. Il avait même été si sûr de son affaire qu'il avait sollicité un architecte pour dessiner les plans. Cette démarche lui avait coûté beaucoup d'argent, en vain, et même si Rutger ne se montrait pas pingre, il n'aimait pas jeter l'argent par les fenêtres. Elles reviendront peut-être à la raison lorsqu'elles apprendront à combien reviendront leurs petits travaux, se consola-t-il. Et puis, tous ces artisans qu'elles devraient laisser entrer dans la maison. Par ailleurs, il ne se fiait pas aux goûts de ses sœurs. Elles vont sans doute faire installer une baignoire et un lavabo verts avec du papier peint vinyle à motif fleuri ou damassé. Il se représenta la salle de bains de Sven et Berit, de bons amis à eux. Ce couple avait acheté une maison ancienne et, à leur grande consternation, la salle de bains était couleur diarrhée de nouveau-né. Rutger frissonna. Ce sera sans doute quelque chose de ce style si on les laisse choisir. Car ce Klemens n'était quand même pas impliqué dans leurs projets de rénovation aussi ? Oui, ses sœurs lui avaient fait perdre de son assurance, ce qui le dérangeait plus que tout. Bah, grogna-t-il, je me moque de leur maison et elles peuvent avoir des toilettes de la couleur qu'elles veulent. Je m'en contrefous. Mais il se mentait à lui-même. Il était très attaché à la maison de son enfance. Il y avait coulé des jours heureux. Son foyer avait été plein d'amour et d'humour, et le forgeron Svensson chérissait son fils et lui avait donné une éducation en dépit de leurs faibles moyens. Elna lui avait procuré la tendresse qu'on attend d'une mère. Ses bras avaient toujours été grands ouverts et chauds pour lui, et Rutger sentit les muscles de ses joues se contracter, comme s'il allait se mettre à pleurer. La maison de son enfance était une partie de son identité. Il n'était pas jaloux que ses sœurs y vivent, pas du tout, mais il aurait voulu pouvoir en disposer sans qu'un étranger ne s'en mêle.

— Café ? lui lança une des employées.

Ils commençaient généralement la journée dans la salle de pause où ils partageaient un petit noir en se répartissant les tâches à effectuer.

— Comment va notre célibataire ? plaisanta Mona, une blonde pulpeuse qui ne faisait rien pour camoufler ses formes.

— Est-ce que j'ai l'air de manquer de quelque chose ? répliqua Rutger avec un sourire jusqu'aux oreilles.

— On dirait que tu n'as pas beaucoup dormi, déclara le plus jeune scribouillard, un trentenaire en pantalon de velours vert ample et polo noir.

Rutger sursauta avant de se ressaisir.

— C'est toi qui me dis ça ? Alors que tu as toujours l'air de t'être couché tout habillé ! rétorqua-t-il en désignant le pantalon froissé.

L'ambiance est joyeuse et détendue lorsqu'on n'hésite pas à chambrer les gens.

— Bon, intervint un autre rédacteur, nous devrions peut-être revenir à l'ordre du jour. La rédaction centrale veut que nous réalisions un reportage sur le secteur de la vente par correspondance. Il semblerait qu'il y ait beaucoup d'argent à faire dans ce domaine, essentiellement au noir, alors nous aurons peut-être du mal à trouver quelqu'un qui accepte de nous parler. Mais toi, tu as tout ton temps pour effectuer des recherches étant donné que ton épouse est absente, dit-il en se tournant vers Rutger.

Dans la salle de pause, il y avait une pile de magazines que les filles lisaient à l'heure du déjeuner. Mona avait ouvert la page des annonces de ventes par correspondance.

— « *Vidéos pornographiques pour attiser vos pulsions de vie* », lut-elle à voix haute. Ah tiens ! s'exclama-t-elle en désignant une annonce. « *Blanchissez vos dents avec le nouveau baume universel* » ou alors celle-là, messieurs ! dit-elle avec emphase. « *Augmentez votre puissance sexuelle. Nouvel élixir miracle.* » Ce serait bien pour vous, non ? Vous ne commencez pas à avoir ce genre de problèmes ? s'enquit-elle en tournant les yeux vers Rutger et Björn, qui avaient plus ou moins le même âge.

— Qu'est-ce que tu veux dire, bordel ? rugit Rutger.

Ses collègues le considérèrent avec étonnement.

— Un terrain miné, manifestement, commenta Mona. Toutes mes excuses, monsieur le rédacteur, mais je ne pouvais pas savoir.

Rutger prit une profonde inspiration.

— On ne peut quand même pas sortir un papier sur ce sujet, si ? demanda-t-il.

— Étant donné le nombre de personnes qui ont recours à la vente par correspondance, il me semble que c'est une question d'intérêt général, objecta Björn.

Les autres approuvèrent à grands hochements de tête. Björn lui remit ensuite un fax de la rédaction centrale. Il semblait partir du principe qu'il se chargerait de ce reportage. Rutger prit le papier sans broncher, puis quitta la pièce.

— Bon Dieu ! Quelle mouche l'a piqué ? lança Mona.

Le fils d'Olofsson était venu déposer des échantillons de couleur aux demoiselles Svensson.

— Je pensais qu'elles n'existaient qu'en blanc, déclara Tilda en désignant des baignoires aux tons pastel.

— La verte est belle, commenta Elida, et ce papier peint damassé... poursuivit-elle en attrapant l'un des échantillons.

— Non, pas du vert, objecta Tilda. Ça me paraît trop froid.

Ce soir-là, elles parcoururent les catalogues encore et encore et ne se décidèrent qu'au moment de prendre leur café. Pour finir, elles avaient opté pour des sanitaires bleu ciel et un papier orné d'un camaïeu de fleurs bleues.

— Ce que ça va être beau ! s'enthousiasma Tilda, et Elida acquiesça.

— Les serviettes tissées main de maman avec les lignes bleues seront assorties au papier.

Elles avaient pléthore de serviettes et les lavaient toujours à la main, si bien qu'il leur en restait beaucoup qu'elles n'avaient jamais utilisées dans le placard à linge. Tilda alla chercher celles à rayures bleues. Elles étaient entourées d'un beau ruban que Tilda défit avec précaution.

— Il y en a six.

Une odeur de lavande se diffusa dans la cuisine. Elida en déposait toujours un petit sachet au milieu du linge. Elida le porta à son nez.

— Nous aurions dû le changer cette année, commenta-t-elle.

— Oui, mais nous avons été très prises.

— Nous aurions sans doute eu l'utilité de quelques sachets supplémentaires, mais il est trop tard à présent.

— Bah, il y aura d'autres étés, la consola Elida, et puis nous avons nos savons au pin. Ils sentent encore.

— Nous aurons peut-être les moyens d'acheter un tapis tout doux comme celui d'Alvar et une housse pour l'abattant.

— Nous verrons bien l'argent qu'il nous restera.

Après toutes ces années, Tilda sentait tout de suite lorsque quelque chose n'allait pas chez sa sœur.

— Qu'est-ce qui cloche ?

— Nous ne sommes pas allées chez Alvar depuis son départ. Imagine que les souris aient fait des dégâts !

Tilda gagna tout de suite le garde-manger et en sortit un morceau de fromage qu'elle coupa en petits dés. Elida, elle, ouvrit l'un des tiroirs. La clé de la maison d'Alvar était dans un petit sac en plastique. Les sœurs enfilèrent leur gilet en laine et leurs bottes, puis elles sortirent dans la neige.

Le petit faisceau tremblotant de leur vieille lampe de poche guidait leurs pas et vint bientôt se poser sur la porte de la résidence secondaire d'Alvar Klemens.

Les sœurs sentirent le froid qui y régnait, malgré le chauffage central allumé au minimum pour empêcher l'humidité de s'installer. Tilda ouvrit la porte de l'une des armoires où se trouvait un piège.

— Beurk ! Répugnant, commenta-t-elle. Elle est peut-être là depuis Noël.

— Encore heureux que le chauffage ne tourne pas à plein régime, ajouta Elida.

Tilda prit un morceau d'essuie-tout et y déposa la souris morte. Elle réarma la trappe d'un geste expert, puis elles vérifièrent les deux autres pièges et constatèrent avec joie qu'ils étaient vides. Comme toujours, elles firent un petit tour dans la maison pour s'assurer que tout allait bien. En sortant, elles jetèrent l'animal mort dans la poubelle d'Alvar.

— Dire qu'il doit payer la taxe d'enlèvement des ordures ménagères toute l'année alors qu'il passe si peu de temps ici.

— Oui. C'est de la pure folie. Mardi au moins, sa poubelle ne sera pas vide, répondit Elida en riant.

Elles profitèrent d'être dehors pour aller aux toilettes avant de rentrer.

— Comment vont tes hémorroïdes, Tilda ? s'enquit Elida avec gentillesse.

— Eh bien, elles vont mieux, mais bon, elles ne guérissent jamais complètement.

— En tout cas, c'est déjà bien si elles s'arrangent, la consola Elida.

Elles passaient quand même de bons moments lorsqu'elles s'attendaient l'une l'autre devant les toilettes. De nombreuses confidences y avaient été échangées au fil des ans. Des conversations sur leurs chagrins comme sur leurs joies. D'une certaine manière, c'était également devenu un confessionnal. Quand on se trouvait assise ainsi dans le noir, on osait parfois avouer des choses que l'on n'aurait peut-être pas osé évoquer dans d'autres circonstances.

Tilda se souvenait qu'une nuit d'été, elle avait raconté à Elida comment un soir, elle avait été très proche de perdre sa virginité dans le jardin, sous la tonnelle, avec Erik, le fils de Lantz. Elida était restée silencieuse un long moment après que Tilda se fut tue. Celle-ci avait commencé à s'inquiéter de ce qu'Elida pensait, mais au bout d'un moment, sa sœur lui avait dit d'une voix chaleureuse :

— Oui, c'est le genre de choses qu'on ne contrôle pas, mais en tout cas, c'est une chance que rien ne se soit produit.

Tilda, elle, ne savait pas si elle devait estimer que c'était de la chance ou de la malchance, mais elle avait été heureuse qu'Elida se montre aussi compréhensive.

Oui, ces conversations à l'extérieur allaient sûrement leur manquer, mais on est bien obligé de faire quelques concessions au nom du confort.

Elles furent contentes de retrouver la chaleur de leur maison.

— Je crois que je suis trop nerveuse pour trouver le sommeil ce soir, déclara Tilda.

— C'est vrai que nous avons beaucoup de choses en tête avec ces échantillons de papier et tout ça.

— Nous pourrions peut-être faire une partie de trente et un.

— Pourquoi pas ? répondit Elida, et elle avait déjà replié le coin de la nappe à carreaux.

Lorsqu'elles étaient enfants, elles jouaient toujours avec des pièces d'un öre, mais désormais elles le faisaient toujours avec des allumettes. Elles jouaient pour le plaisir, rien d'autre.

— Trente et un, annonça Tilda d'une voix triomphale avant d'abattre ses cartes sur la table.

Elida dut lui donner sa dernière allumette.

— Il me reste la seconde partie pour me refaire, dit Elida, un peu vexée. Bon, ne vends pas la peau de l'ours avant de l'avoir tué. Tu as bien battu les cartes ?

— Tu parles comme Rutger ! se moqua Tilda.

Lui non plus n'aimait pas perdre. Il fallait toujours qu'il trouve une excuse. Quand ils jouaient aux petits chevaux, il prétextait toujours que s'il ne parvenait pas à faire le bon nombre avec le dé, c'était parce que la surface était irrégulière ou que quelqu'un avait donné un coup dans la table.

— Il n'a pas de chance au jeu, disait leur père. Il en aura donc sans doute beaucoup en amour.

Ce soir-là, Tilda gagna les deux parties et, au moment où sa sœur réclama une belle, elle rétorqua :

— Non. Tu as supporté de perdre deux fois, mais tu ne le feras pas trois, alors il vaut mieux en rester là !

20

Lorsque Rutger rentra du travail, l'avis de livraison du colis était arrivé, ce qui lui procura un sentiment de fébrilité. Il avait également reçu une carte postale de Marianne et il trouva un peu fâcheux que les deux lui parviennent le même jour. Il éprouvait une certaine honte en voyant cette belle carte postale à côté de sa commande d'élixir aphrodisiaque. Mais bon, c'était aussi pour Marianne qu'il avait acheté la potion. Il redressa le dos en se convainquant qu'elle ne pourrait rien trouver à y redire.

Manifestement, sa femme passait un bon séjour sur la Côte. Le soleil brillait et elle avait rencontré des gens sympathiques. « *Tu n'as pas oublié les fleurs ?* » lui demandait-elle tout au bas de la carte.

— Merde ! lâcha Rutger, et il s'empressa de faire le tour des plantes.

À son soulagement, il découvrit que la plupart avaient survécu. D'accord, il y en avait quelques-unes qui piquaient un peu du nez, mais rien de bien grave. Tandis qu'il se hâtait d'aller chercher l'arrosoir, il se rendit compte que c'était la première fois en presque quarante ans de mariage qu'il s'occupait des fleurs. Il ne se sentait pas très sûr de lui lorsqu'il s'attela à la tâche. Alors qu'il était devant la fenêtre du salon, il entendit un bruit d'eau en provenance de la salle à manger. Il y retourna presto.

— Putain !

Il avait manifestement trop arrosé le pot dans le panier suspendu près de la fenêtre et le trop-plein dégoulinait sur les chiens en porcelaine anglaise ancienne dessous. Il déplaça les bibelots en toute hâte et se rua à la cuisine pour aller chercher un torchon. Le petit napperon en crochet réalisé par Elna et posé sous les chiens était trempé. Il l'accrocha sur le radiateur avant d'éponger l'appui de la fenêtre. Encore une chance que Marianne rentre bientôt, pensa-t-il. Il n'avait jamais songé qu'elle avait autant de plantes. Cela prenait une éternité de toutes les arroser.

Le fax de la rédaction centrale lui avait donné matière à réflexion. Il se demandait vraiment comment il allait s'y prendre. Il gagna la chambre où Marianne rangeait ses magazines dans une corbeille, en prit quelques-uns et retourna au salon. Il lorgna plusieurs fois vers le bar avant de se relever et d'aller se servir un grand Martini. Après tout, il l'avait mérité vu le nombre de fleurs qu'il avait arrosées, se persuada-t-il. Et puis, il n'avait pas bu une goutte d'alcool fort depuis le départ de Marianne. Il sirota son verre et le savoura, comme avant. Il feuilleta les magazines. Quel ramassis de foutaises ! se dit-il en parcourant les reportages consacrés à la décoration intérieure et à la mode. Sans parler de ceux relatifs aux célébrités. Encore heureux que je n'aie pas à travailler pour un tel torchon. Puis il atteignit les pages des annonces de vente par correspondance. Ce n'était pas les offres de produits et services farfelus qui manquaient. Il espérait trouver une société qui fournissait un numéro de téléphone, ainsi il la contacterait sans difficulté et bouclerait son reportage en un tour de main. Mais elles avaient toutes choisi de n'indiquer qu'une boîte postale ou une adresse. Il avait en tout cas décidé de ne pas se rapprocher de celle auprès de laquelle il avait passé sa commande. Il posa le magazine. Il n'allait quand même pas faire des heures supplémentaires sans être payé. Il décida d'attendre le lendemain matin. Il se rendrait alors à la poste pour récupérer son colis.

— Des petits bonjours de vacances pour égayer la grisaille hivernale, annonça le facteur avant de remettre deux cartes postales colorées aux sœurs.

Il y avait une rangée de bouteilles de spiritueux sur l'évier et Tilda se plaça devant pour les dissimuler, mais son corps fluet était loin d'être assez large pour cacher toute la brochette.

— Deux ! s'étonna Elida.

— Oui, pas trop mauvais pour un banal mardi.

Tilda brûlait de savoir qui leur avait envoyé ces cartes, mais elle ne quitta pas son poste près de l'évier. Elle n'osa se rapprocher de la table que lorsque le préposé eut refermé la porte d'entrée.

— De qui viennent-elles ?

— De Marianne, et d'Alvar qui nous remercie encore pour la soirée.

Les demoiselles étudièrent longuement les cartes.

— C'est gentil de la part de Marianne d'avoir pensé à nous. Vingt-huit degrés, lut Elida. C'est vraiment possible ?

Mais Tilda ne l'écoutait pas.

— Que dit Alvar ?

— Il nous remercie pour Noël. Tout va bien et il est impatient de revenir cet été.

Ce n'est pas sans une certaine fierté que les sœurs pensèrent au moment où elles lui montreraient leurs nouveaux water-closets.

— Quand arrive-t-il ? poursuivit Tilda qui n'avait pas encore pu toucher la carte.

— Il ne dit rien à ce sujet, mais je suppose que ce sera plus ou moins à la même période que l'année dernière.

Elles ne dirent presque rien en buvant leur café du matin. Elles tournaient et retournaient les cartes, les relisant encore et toujours.

— Imagine-toi, répéta Elida. Vingt-huit degrés !

— J'espère que tout se passera bien quand elle va rentrer.

— Pourquoi ne serait-ce pas le cas ?

— Imagine que l'élixir ne fonctionne pas. Bon, il ne pourra jamais remonter jusqu'à nous, tenta de se rassurer Elida.

— Non, inutile de s'en faire pour ça.

Les sœurs étaient si absorbées par les cartes qu'elles n'avaient pas regardé le reste du courrier, mais la plupart des lettres avaient l'air d'être des publicités et ne les intéressaient pas particulièrement. Lorsque Tilda débarrassa les tasses, Elida jeta quand même un rapide coup d'œil aux enveloppes. Il y avait les habituels prospectus de promotions, mais en dessous se trouvaient deux grandes enveloppes kraft de l'administration fiscale.

— Ah oui, nous allons bientôt devoir remplir notre déclaration.

Elles avaient beau ne pas avoir grand-chose à inscrire sur le formulaire, elles se rendaient toujours à la banque pour se faire conseiller. Elles avaient droit à une réduction en tant que retraitées, si bien que ce service ne leur coûtait pas très cher.

— Je peux appeler dès demain, déclara Elida qui s'occupait toujours de ce genre de démarches.

Tilda fredonnait en remplissant la bassine émaillée jaune, celle qu'elle utilisait aussi pour faire leur toilette du dimanche. Les sœurs faisaient toujours la vaisselle au fur et à mesure, car elles n'aimaient pas laisser traîner des couverts sales. Et puis, comme il y avait toujours une marmite d'eau sur le fourneau, ça n'avait rien de compliqué. En revanche, elles n'essuyaient jamais. Elles mettaient tout sur le vieil égouttoir en bois et la vaisselle séchait d'elle-même. Elida feuilletait les publicités, pas par réel intérêt, mais pour faire passer le temps.

— Tiens, il y a du café à gagner avec ce concours de mots croisés, dit-elle en désignant une page du journal.

— Il y a tellement de participants que ça n'en vaut pas la peine, soupira Tilda. Et puis, les mots croisés ne sont plus ce qu'ils étaient. Maintenant, il y a des tas de mots bizarres, et certains même pas suédois.

Jadis, elles remplissaient les grilles ensemble. Leur mère aimait ça aussi, d'ailleurs. Elida ouvrit l'un des tiroirs et en sortit un crayon à papier. Elle resta longtemps silencieuse tandis que Tilda faisait la vaisselle en chantant.

— Oiseau coloré, trois lettres avec un *r* au milieu.

— *Ara !* Proclama Tilda.

Elida remplit les cases en marmonnant. C'était toujours Tilda qui était la plus rapide lorsqu'il s'agissait de compléter les grilles. Une fois la vaisselle finie, Tilda vint s'installer à côté de sa sœur.

— Tu as déjà résolu la majeure partie, commenta-t-elle sur un ton élogieux.

— C'est difficile.

— Tu t'es trompée ici, la corrigea Tilda. C'est *sanglier*, pas *sangliet*.

— Je le sais bien, répliqua Elida avec irritation, puis elle alla chercher une gomme dans le tiroir.

Au bout d'une heure, il ne leur manquait plus que cinq mots.

— Non, nous n'y arriverons pas, déclara Tilda. Laissons tomber.

— Mais nous n'allons pas gagner de café alors ! protesta Elida en riant.

Son humeur s'était améliorée à mesure qu'elle avait trouvé les solutions qui échappaient à Tilda.

21

La poste était bondée lorsque Rutger s'y rendit après sa journée de travail. Il prit un ticket et s'assit pour attendre. Il constata qu'il y avait trente-six personnes avant lui. Ce système d'attente était bizarre, car même si on savait qu'il restait beaucoup de clients à passer avant son tour, on réagissait chaque fois que le bip se faisait entendre. La perspective d'aller récupérer ce colis avait mis Rutger mal à l'aise tout l'après-midi. Et si quelque chose sur l'emballage révélait son contenu ? Le rouge lui était monté aux joues. Encore douze, se dit-il tout bas en sentant le ticket lui coller aux doigts. Guichet un sur la gauche et huit sur la droite. Rutger savait déjà, mais il vérifia quand même par précaution. Ce n'était pas seulement parce que ce paquet le rendait nerveux que son regard errait sur les numéros et les différents guichets. Le même phénomène se produisait chaque fois qu'il venait à la poste. Il se leva. Il n'y avait plus que deux personnes avant lui et il voulait être prêt. Il se retrouva bientôt devant une employée, le cœur battant. Une fois qu'il eut payé les frais de port, la guichetière se leva et se dirigea vers l'étagère où se trouvaient les colis.

— Aïe ! lâcha-t-elle en revenant.

Le cœur de Rutger accéléra encore.

— Le paquet a été endommagé pendant le transport, constata la femme, aimable. Il vaudrait mieux que nous l'ouvrions pour vérifier que le contenu n'a pas été abîmé.

En voyant l'expression effrayée de Rutger, elle précisa :

— Enfin, le colis est assuré et ce ne serait donc pas grave.

— Il n'y a là rien de fragile, répondit Rutger en lui arrachant presque le paquet des mains.

La guichetière haussa les épaules d'un air résigné et, avant qu'elle n'ait eu le temps d'ajouter quoi que ce soit, Rutger avait disparu. Lorsqu'il se fut éloigné de quelques pâtés de maisons, il examina le colis de plus près. Il était recouvert d'épais papier kraft et entouré de toile de jute. C'est étrange, pensa-t-il. Cela n'a vraiment pas l'air professionnel. Malgré le soin porté à l'emballage, l'un des coins avait effectivement été endommagé. Il jeta un coup d'œil prudent dans le trou, mais ne vit rien. Et si le contenu tombait dans le bus ? songea-t-il. Pour plus de sécurité, il décida de s'arrêter à la supérette et de s'acheter un bon gâteau pour accompagner son café du soir. Comme ça, il pourrait glisser le paquet dans le sac. Oui, il avait toujours été prévoyant. Même Marianne l'avait reconnu à plusieurs occasions. Il n'y avait presque personne dans le magasin et Rutger s'empressa d'aller chercher une boîte de gâteaux. Cinq choux à la crème recouverts de pâte d'amande verte et aux extrémités nappées de chocolat.

— Salut, Rutger, lança une voix claironnante en même temps qu'on lui assenait une tape dans le dos avec une telle violence que le colis lui échappa presque des mains.

— Salut, Oskar, répondit-il.

— Ne prends pas cet air effrayé ! le calma Oskar. Je ne raconterai pas à Marianne que tu achètes des gâteaux pleins de crème quand elle a le dos tourné.

Rutger lui adressa un sourire forcé. Oskar était leur voisin depuis de très nombreuses années. Il était un peu trop sportif au goût de Rutger, mais Marianne le trouvait charmant.

Rutger fut enfin dans le bus qui le ramenait chez lui. Il tenait fermement le paquet sur ses genoux et avait posé les mains dessus. Face à lui, une dame d'une cinquantaine d'années affichait une expression impassible. Elle portait une tenue austère, avec un chapeau et un manteau en laine à la coupe classique, et tenait un sac à main en peau de serpent sur les genoux. Rutger lui adressa un hochement de tête pour s'excuser lorsqu'il frôla involontairement sa jambe. Elle pinça les lèvres de mécontentement et serra son sac encore plus fort. Espèce de vieille rombière, pensa-t-il. On devrait recevoir une prime pour débarrasser la société de gens comme vous. Non, Marianne valait mieux que ça, même si elle n'était pas toujours facile. Elle se montrait presque toujours gentille et accommodante. En fait, elle lui manquait, vraiment, et c'était un sentiment nouveau pour lui. Tout s'arrangera sans doute à son retour, se dit-il, et il tapota le paquet sur ses cuisses.

Quand il regarda par la vitre, il s'aperçut qu'il s'était plongé trop longtemps dans ses pensées et qu'il avait manqué son arrêt. En temps normal, cela l'aurait mis en colère, mais ce soir-là, il s'en moquait. Il rentra chez lui d'un pas léger. Marianne revient vendredi, songea-t-il, et cette pensée le ragaillardit.

De retour chez lui, Rutger constata de nouveau que le colis était bizarre. Il n'avait pas prêté attention à l'étiquette portant l'adresse, mais il vit que son nom était écrit en grandes lettres contournées. Une écriture d'écolière à l'ancienne, se dit-il en riant. On dirait presque celle d'Elida. Oui, elle aussi utilisait toujours les pleins et les déliés, comme elle l'avait appris à l'école. Enfin, ce n'était ni l'emballage ni l'étiquette qui était le plus important, mais le contenu. Rutger le déballa avec précaution. Le bocal reposait dans une boîte de chocolats vide. Le flacon en lui-même n'avait rien de remarquable. On aurait dit une fiole de médicaments.

Il souleva délicatement le couvercle. Le produit ressemblait à du banal marc de café. Il le plaça sous son nez et s'aperçut que cela ne sentait pas que le café, mais quelque chose de fort, presque comme des épices.

— Je me demande quel dosage je dois prendre et combien de temps il faut attendre pour que ça fasse effet, marmonna Rutger.

Il tourna le bocal en tous sens, mais ne découvrit aucune indication de posologie ni de conseils d'utilisation. Il retourna ensuite la boîte de chocolats et il en tomba un petit morceau de papier qui portait une simple inscription : « Une cuillerée à café par jour. »

Il doutait de plus en plus de son achat et se sentait déjà pigeonné. 250 couronnes, songea-t-il. Et si ça ne marche pas ?

La curiosité avait également commencé à le ronger. Peut-être devrait-il choisir cette société de vente par correspondance pour son reportage. Il saisit de nouveau l'emballage. Pas de numéro de téléphone, juste celui d'une boîte postale. Bon, il ne devait pas remettre cet article avant le mois prochain, alors il pouvait attendre de voir les résultats de ce produit, pour ainsi dire.

Les sœurs obtinrent un rendez-vous à la banque pour remplir leurs déclarations dès le lendemain. En général, l'affaire était vite réglée. Leur pension constituait leur seule source de revenus et elles n'avaient rien d'autre à déclarer. Tout ce qui avait trait à l'administration et aux documents officiels leur procurait un sentiment de gravité. Peut-être était-ce lié à la nécessité de signer une déclaration sur l'honneur ? En tout cas elles se trouvaient là, le dos droit et dans leur robe du dimanche.

— Une année, c'est vite passé, commenta Berg, l'employé de banque qui les aidait toujours.

— Oui, on a du mal à croire que cela fait déjà un an que nous nous sommes vus pour la dernière fois, convint Elida.

— Et vous n'avez pas encaissé de millions ? demanda l'employé sur le ton de la plaisanterie.

— Pas l'année dernière. Les premières rentrées d'argent remontent à janvier, intervint

Tilda, ce qui lui valut un coup de pied immédiat dans le tibia.

— Bah, mentit Elida, pas des millions, mais nous avons gagné quelques centaines de couronnes à la loterie.

Le préposé lui lança un regard interrogateur avant de déplier le formulaire. Il cocha quelques cases, vérifia les relevés de banque des sœurs, et vingt minutes plus tard, tout était fini et elles étaient de nouveau dans la rue, dans le froid pétillant.

— C'est peut-être aussi bien que nous allions chercher ces bocaux tant que nous sommes en ville, suggéra Tilda.

Elles se dirigèrent une nouvelle fois vers le supermarché. Cette fois, elles évitèrent de regarder toutes les tentations et gagnèrent directement le rayon des articles ménagers. Elles examinèrent les rayonnages un long moment.

— Ceux-ci, dit Tilda en tendant un joli petit bocal en verre à sa sœur. Ils sont beaux, non ?

— Et plus ou moins de la bonne taille, approuva Elida.

Mais lorsqu'elle le retourna pour consulter le prix, elle en eut le souffle coupé.

— 22,40 couronnes ! Tu es folle ou quoi ?

— Je n'avais pas vu le prix, répondit Tilda.

Embarrassée, elle remit le bocal en place.

— Et ceux-là ? demanda Elida en désignant des petits bocaux en vrac dans un grand panier rond au-dessus duquel une affiche proclamait : « *5 couronnes le bocal. 20 couronnes les cinq.* » Les sœurs optèrent sans hésiter pour ce modèle qui remplissait la même fonction que le précédent.

— Nous avons fait une bonne affaire, se félicita Elida quand elles furent de nouveau dans la rue.

Elles avaient également acheté des étiquettes et étaient à présent équipées pour les prochaines commandes. Elles se sentaient donc soulagées lorsqu'elles reprirent le bus pour rentrer chez elles. C'était une bonne chose d'avoir rempli leur déclaration en temps et en heure. Et concernant leur entreprise, elles avaient désormais ce qu'il leur fallait pour un bon moment.

De l'argent arrivait presque au quotidien et Elida consignait méticuleusement leurs recettes et leurs dépenses dans le livre de comptes. Leurs frais de fonctionnement restaient relativement faibles. Les spiritueux étaient évidemment ce qui leur revenait le plus cher, mais les sœurs avaient décidé de réutiliser chaque ration trois fois afin de limiter les coûts. Au début, elles avaient gardé le café alcoolisé obtenu et en buvaient un petit verre tous les soirs, mais elles avaient rapidement décidé de jeter le breuvage : après tout, les clients avaient payé pour la marchandise et ce n'était donc pas vraiment du gaspillage. Et puis, elles n'osaient pas le mettre en bouteilles et le conserver dans le lavoir. Si quelqu'un venait à le découvrir pour une raison quelconque, leur réputation ne s'en remettrait jamais. De temps en temps néanmoins, lorsqu'elles avaient froid ou se sentaient d'humeur un peu chagrine, elles s'octroyaient un petit café-goutte.

22

Le vendredi, Rutger avait pris une journée de congé. Marianne rentrait l'après-midi et il voulait mettre les petits plats dans les grands pour l'accueillir. Il se leva de bonne heure. Il fila prendre sa douche, puis s'observa de profil dans le miroir. Non, les gâteaux et autres friandises qu'il s'était enfilés en son absence n'avaient sans doute pas amélioré sa silhouette. Il mit un peu d'après-rasage ce matin-là. En temps normal, il n'en utilisait que lorsqu'ils sortaient. Il commença à se demander à quel moment il était censé prendre sa cuillerée d'élixir aphrodisiaque. Peut-être valait-il mieux qu'il le fasse tout de suite, pensa-t-il, s'il met du temps à faire effet. Il décida cependant d'attendre une heure supplémentaire. Il vérifia dans le poêle pour s'assurer qu'il ne reste aucune trace du magazine pour messieurs. L'une des fleurs dans la cuisine ne s'était pas remise et Rutger avait résolu d'en acheter une nouvelle et d'en profiter pour prendre des roses qu'il placerait sur la table. La botanique n'était pas son domaine et il se contenta donc de désigner au fleuriste une plante qui ressemblait à celle qui avait périclité. Il acheta également cinq roses rouges à longues tiges et c'est très satisfait de lui qu'il rentra à la maison.

Une fois les fleurs en place, il décida d'essayer la potion qu'il avait commandée. Il éprouvait une légère inquiétude. Cela ne pouvait quand même pas être dangereux, si ? Bon, maintenant que j'ai dépensé tout cet argent pour me le procurer, il faut que j'essaie, se dit-il, et il sortit une cuillère. Il frissonna lorsqu'il la mit dans sa bouche. Le goût de café était bien là, mais ce n'était peut-être qu'un excipient pour dissimuler celui de la substance active. Il avala le produit avec un verre d'eau, puis attendit que l'effet se manifeste. Restait le problème de savoir où il allait cacher le bocal. Marianne nettoyait toujours tout de fond en comble jusque dans les moindres recoins, alors il s'agissait de trouver une excellente cachette. Il erra dans les pièces sans repérer d'endroit approprié, puis il eut une révélation : sa boîte à outils. Marianne ne l'ouvrait jamais. S'il y avait bien une chose pour laquelle elle n'était pas douée, c'était le bricolage, et elle ne touchait jamais à son matériel.

Il avait prévu d'aller à l'aéroport en voiture. Juste avant de gagner le garage, il sentit son bas-ventre se raidir. Il ignorait si c'était l'excitation liée au retour de Marianne ou l'élixir qui commençait à faire effet. Il se lança un regard satisfait dans le miroir avant de se mettre au volant.

Malgré les embouteillages, Rutger arriva à l'aéroport très en avance. Il constata sur le panneau d'affichage qu'aucun retard n'était annoncé. Il consulta sa montre. Encore une trentaine de minutes avant que l'avion de Marianne n'atterrisse. Il erra de-ci de-là avec fébrilité, puis choisit d'aller prendre un café. Il avait d'abord envisagé de se contenter d'un petit noir, mais quand il vit toutes les belles pâtisseries, il se dit qu'il pouvait céder à la tentation une dernière fois avant le retour de Marianne. Il prit d'abord un pain viennois, mais au moment de payer il aperçut des gâteaux à la pâte d'amande et en glissa également un sur son assiette.

— 24,50 couronnes, annonça la jeune femme à la caisse.

Lorsque Rutger croisa son regard, il eut un mouvement de recul. Où l'avait-il déjà vue ? Bah, il rencontrait tant de gens dans le cadre de son travail. Pourtant il avait l'impression que l'image de cette femme s'était gravée sur sa rétine.

Il savoura sa viennoiserie, mais ses yeux se portaient sans cesse vers la caissière. Juste à l'instant où il allait mordre dans son gâteau à la pâte d'amande, cela lui revint : ce n'était peut-être qu'une impression, mais elle ressemblait vraiment à la fille sur la couverture du *Playboy*. Rutger s'efforça de chasser de ses pensées les jambes écartées, le sourire enjôleur ainsi que les seins ronds et fermes. Il lorgna de nouveau du côté de la jeune femme. Il éprouva une sensation de vertige, le rouge lui monta aux joues et sa bouche s'assécha. Quoi qu'il en soit, elle était belle et ses vêtements révélaient une silhouette irréprochable. Il remarqua qu'elle ne portait pas de soutien-gorge et que ses mamelons pointaient sous la fine étoffe de son chemisier. Il l'imagina lui offrir son entrejambe ouvert. Son souffle se fit plus court. Soudain, il se représenta Marianne avec son corps mûr, mais encore juvénile à certains égards. Même si sa femme ne s'était jamais exposée comme la fille dans le magazine, il avait souvent fantasmé de la voir dans des positions similaires. Cela ne s'était jamais réalisé. Marianne était une bonne épouse, une bonne camarade au lit, mais elle n'osait jamais se donner totalement. Elle voulait toujours garder le contrôle d'elle-même et de son corps. Cependant Rutger sentait qu'elle était parfois près de s'abandonner, d'oublier son éducation morale et de simplement lâcher prise. Il jeta un nouveau coup d'œil vers la caissière. Non, ce n'était sans doute pas elle, mais qu'importe. Marianne allait bientôt arriver et il ressentait un désir qui le surprenait. Était-il dû à l'élixir, à la fille de la caisse ou à l'absence de sa femme ?

Il fourra le dernier morceau du gâteau à la pâte d'amande dans sa bouche, s'essuya les mains sur la serviette et se leva. Il sentit que ses pensées avaient réveillé sa virilité, mais espéra que cela ne se voyait pas. Il resserra son manteau autour de lui et se dirigea vers le hall des arrivées.

Marianne boucla sa ceinture de sécurité. Ils allaient atterrir. Ces vacances lui avaient fait du bien, mais elle était pressée de rentrer chez elle. Elle avait décidé de tout oublier en montant à bord de l'avion, mais elle éprouvait de l'angoisse. Allait-il remarquer quelque chose ? Allait-elle se trahir ? Avant, pour Marianne, l'infidélité n'existait qu'à travers ce qu'elle en avait lu, mais là, pour la première fois, elle s'était donnée à un autre homme. Elle se sentait sale et méprisable. Rutger et elle avaient une belle vie ensemble, à l'exception des derniers temps où il traversait une crise. Marianne n'avait jamais eu de raison de chercher ailleurs et pourtant, c'était arrivé, maintenant qu'elle avait la cinquantaine. Elle s'efforçait de ne plus penser à ce qui s'était produit, mais le souvenir la hantait. C'était un accident et cela ne se reproduirait pas, chercha-t-elle à se convaincre en prenant une gorgée de cognac, mais elle continuait à penser à ces yeux noirs de velours, aux mots que Rutger n'avait jamais prononcés, à la musique et à l'adultère consommé.

Amador lui avait révélé des aspects d'elle-même dont elle ignorait jusqu'à l'existence. Cela l'effrayait et elle aurait aimé revenir en arrière et tout effacer. Elle avait beaucoup pensé à Rutger pendant ses vacances. Elle avait pensé à ses bons côtés et avait du mal à voir le reste. D'une certaine manière, Marianne s'était demandé s'ils en étaient arrivés là par sa faute. Elle avait décidé d'essayer d'être une bonne épouse. Elle se sentait impatiente et pleine d'excitation.

Les passagers commençaient à débarquer et Rutger regardait autour de lui avec inquiétude, redoutant que Marianne ne soit pas parmi eux. Peut-être avait-elle oublié que l'heure était venue de rentrer à la maison.

Elle tendit le cou. Elle regarda autour d'elle avec inquiétude, puis elle le repéra, souriant, accueillant, et elle se jeta dans ses bras.

— Bienvenue à la maison, mon cœur. Tu m'as manqué.

Rutger s'étonna lui-même d'avoir prononcé ces mots, car d'habitude, il avait du mal à exprimer ce genre de sentiments.

« Mon cœur » ? pensa Marianne. Il y a vingt-cinq ans qu'il ne m'a pas appelée comme ça, et ce mot suscita en elle une tendresse indescriptible.

— Tu m'as manqué aussi, répondit-elle et elle était sincère, puis un terrible sentiment de culpabilité l'étreignit.

Rutger l'aida à porter ses bagages jusqu'à la voiture.

— Tu as passé un bon séjour ? demanda-t-il. Tu es rayonnante de beauté.

— Oui, merci, répondit Marianne. C'était bien, mais c'est bon de rentrer chez soi.

Rutger s'engagea dans la circulation dense d'un geste averti et Marianne l'observa en douce. Il n'avait plus l'air aussi dérangé et ses yeux exprimaient une chaleur qu'elle n'y avait pas vue depuis longtemps.

— J'ai l'impression que je suis partie depuis une éternité, commenta-t-elle lorsqu'ils arrivèrent chez eux.

— Oh, Rutger ! s'exclama-t-elle lorsqu'elle vit les belles roses sur la table de la cuisine. Et l'aralia ? Que lui as-tu fait ? Elle est plus luxuriante qu'avant mon départ…

Rutger se sentit rougir.

— Euh, je lui ai un peu parlé.

Marianne éclata de rire.

— Tu as faim ? J'ai acheté un peu de saumon et du vin au cas où…

— Avec plaisir, l'interrompit Marianne avant de lui planter un baiser sur la joue.

Ce doit être l'élixir, pensa Rutger lorsqu'il sentit soudain le sang affluer.

— Je vais prendre une douche pour me débarrasser de la poussière du voyage, annonça Marianne avant de disparaître dans la salle de bains. Elle ressentait un sentiment d'excitation qu'elle n'avait plus connu depuis des années.

Rugter mit la table en fredonnant et alluma des chandelles.

Ce n'est que trois heures plus tard qu'ils se retrouvèrent dans les bras l'un de l'autre dans la chambre. Ils avaient eu beaucoup de sujets de conversation ce soir-là et ils avaient tous les deux savouré la présence de l'autre. Marianne jeta son peignoir sur la chaise et s'apprêtait à enfiler sa chemise de nuit lorsque Rutger l'arrêta.

— Tu es belle ce soir, dit-il, et il commença à caresser son corps nu.

Dans un premier temps, elle fut gênée. Elle n'avait plus été dévêtue devant lui avec la lumière allumée depuis leur jeunesse. Son mari embrassa ses seins et son ventre, et elle ne résista pas. Rutger se sentait fou de désir, mais ne voulait pas l'effrayer.

— Caresse-moi, gémit-il, et Marianne eut d'abord un peu peur de sa nudité et du fait que pour la première fois depuis des années Rutger partageait ouvertement ses désirs.

Elle ne tarda cependant pas à oublier ses craintes. Elle se laissa aller et jouit de ce retour de flamme sans plus se soucier de la lumière allumée.

— Ça a marché, déclara Rutger lorsque, épuisé, il se laissa rouler sur le lit.

— Quoi donc ? s'étonna Marianne.

— Non, rien.

Rutger sourit intérieurement. Il voulait croire que c'était son amour pour Marianne qui avait rendu cet acte charnel si sensationnel, mais il ne pouvait chasser l'élixir aphrodisiaque de ses pensées.

— Bonne nuit, Marianne.

— Bonne nuit, souhaita Elida à Tilda en gémissant.

Ce gémissement n'était pas lié au couronnement d'un acte charnel, mais plutôt à la pression de l'entreprise, des livraisons, des comptes à tenir et, surtout, à l'excitation des travaux de modernisation de la maison.

Tilda, que la situation inquiétait, ne répondit pas. Les pensées se bousculaient comme une balle magique dans sa tête. Il se produisait soudain tant de choses. Avant, elles n'avaient à se préoccuper que d'elles-mêmes, mais désormais, il y avait toutes ces autres personnes. Alvar, Rutger et Marianne, et puis, bien sûr, tous les clients qui leur avaient commandé leur élixir aphrodisiaque. Tilda éprouvait de la honte et pour la première fois depuis plusieurs semaines, elle joignit ses mains percluses d'arthrite et pria. Elle pria pour le retour d'Alvar ; elle pria pour que l'élixir fonctionne pour Rutger et elle pria pour que son père, le forgeron Svensson, fasse preuve de mansuétude à l'égard de ce qui se passait. Tilda remercia également Dieu de les avoir gardées en bonne santé, de leur avoir permis de remplir leurs déclarations sans encombre et de leur avoir accordé un aussi beau Noël.

Le froid se faisait sentir dans la chambre. Elle remonta la couverture haut sur ses épaules et se sentit soudain parfaitement bien.

Elle lutta contre le sommeil ce soir-là. Ce n'était pas qu'elle n'arrivait pas à s'endormir, au contraire. Elle s'efforçait de le repousser pour avoir davantage de temps pour réfléchir à ce qui les attendait. Elle n'arriva pas plus loin que le tapis douillet qu'elles allaient acheter pour leurs nouveaux cabinets. Alors, les yeux de Tilda se fermèrent et elle connut une paix totale.

23

Rutger se sentait reposé et détendu à son réveil. Il considéra avec tendresse Marianne qui dormait encore. Il se rendit compte qu'il aurait été en mesure de se jeter de nouveau sur elle, mais il s'abstint.

Il envoya une pensée amicale à l'élixir qui attendait dans sa boîte à outils et avait une influence si bienfaisante sur lui. Car ce devait quand même être ça. Bah, c'était sans importance. Il avait l'impression d'être un jeune homme et c'était l'essentiel. Même si Rutger avait tout son temps pour réaliser son enquête sur les sociétés de vente par correspondance, il avait décidé de se mettre au travail ce jour-là. Il était d'excellente humeur, joyeux et brûlait d'envie de travailler.

— Bonjour, gazouilla Mona lorsque Rutger, fidèle à son habitude, posa sa serviette sur son bureau à 9 heures précises.

— Bonjour, répondit Rutger en lui lançant un regard appréciateur.

Mona le considéra avec un air aguicheur, passa la pointe de sa langue sur la commissure de ses lèvres et rajusta son décolleté. Rutger craignit un instant que les fruits mûrs ne s'en échappent et il peina à en détacher les yeux.

— Quand ta femme rentre-t-elle, déjà ? s'enquit Mona qui le croyait en manque.

— Elle est rentrée. Elle est arrivée hier, s'empressa-t-il de répondre avant de se mettre à farfouiller parmi les documents sur son bureau.

— Je vois, dit Mona avec un regard taquin à son collègue. D'accord…

Mais rien ne pouvait gâcher la bonne humeur de Rutger, car il était fier et heureux de sa prestation de la veille dans le lit king size.

Après le café du matin, il s'enferma dans son bureau, ce qu'il faisait rarement : il voulait passer des appels pour préparer son reportage et ne voulait pas être dérangé.

Il sortit l'étiquette postale de sa serviette. Il considéra de nouveau l'écriture stylisée, puis la mention d'expéditeur : Boîte postale 108, Simrishamn.

La vie est quand même bizarre, pensa Rutger en se calant contre le dossier de son siège en cuir. Simrishamn ne se situait pas loin de la maison de ses parents, de son village natal. Il se mit à rire, car c'était comme s'il avait deux lieux de naissance. Borrby où il avait vu le jour et puis Simrishamn d'où venait ce qui l'avait ramené à la vie, l'avait fait naître une seconde fois, en quelque sorte. Il se sentait euphorique, oui, vraiment.

Soudain, son sourire s'éteint. Ça ne peut quand même pas être une pure coïncidence, songea-t-il.

Non, c'était un miracle, sans conteste. Rutger n'avait pas aussi bien fonctionné depuis des années. Ce ne pouvait tout simplement pas être un hasard.

Il chercha le numéro de la poste de Simrishamn dans l'annuaire. Il suffisait de les contacter pour leur demander le nom du locataire de cette boîte, avait décidé Rutger pendant son petit déjeuner. Il composa l'indicatif, mais s'empressa ensuite de raccrocher. Sans qu'il sache pourquoi, cette démarche l'embarrassait. Les employés de la poste étaient sans doute au courant du genre de commerce lié à la boîte 108 et rien ne garantissait que personne ne le reconnaîtrait. La poste de Borrby avait fermé et peut-être certains de ses employés avaient-ils été mutés à Simrishamn. Il aurait évidemment pu s'abstenir de se présenter, ou se présenter sous un autre nom. Mais Rutger était honnête, il l'avait toujours été et il s'avérait incapable de mentir. C'était une chose qu'il tenait de sa mère, Elna. « Dis la vérité, toujours la vérité, même lorsqu'elle est déplaisante », répétait-elle toujours.

Il se rappelait encore avec un grand malaise la seule fois où sa mère avait eu une raison d'être vraiment en colère contre lui. Il avait eu besoin d'une pièce de bois pour achever une maquette d'avion. Le bois entreposé dans le bûcher était irrégulier et plein d'échardes, alors il avait récupéré une latte d'une chaise de jardin. Ses parents, qui soupçonnaient que cette latte n'avait pas disparu toute seule, l'avaient convoqué. Il avait nié et ce n'était que plusieurs jours plus tard, quand le forgeron Svensson vit son avion, qu'il fut démasqué.

Rutger se trouvait près de la haie et discutait avec Bertil, le fils de l'instituteur Lund, lorsque la voix du forgeron Svensson avait fait s'envoler tous les passereaux dans l'arbre du voisin.

— RUTGER, VIENS ICI TOUT DE SUITE !

Rutger avait compris qu'un affreux drame s'était produit, mais il avait tout oublié de cette histoire de latte et il avait eu l'impression d'avoir des jambes en caoutchouc en se traînant jusqu'à la cuisine.

Elna pleurait sur la banquette. Elle tordait un mouchoir entre ses mains et n'avait même pas relevé les yeux quand il était entré dans la pièce.

— Nous avons un voleur dans la maison ! avait rugi le forgeron en le poussant vers la banquette où sa mère était assise.

— Comment ça, un voleur ?

Rutger ne comprenait pas.

— Tu nies donc ? avait poursuivi son père en levant le poing.

— Comment as-tu pu ? lui avait demandé sa mère, comme pour désarmer le coup. Est-ce que nous ne t'avons pas toujours appris à dire la vérité ?

Rutger s'était alors souvenu de la latte.

— Je voulais juste... avait commencé Rutger.

— Voulais JUSTE ? avait hurlé son père. Le bûcher est rempli de bois et la forêt regorge de brindilles, et il faut que tu casses un meuble de jardin pour récupérer une latte !

— Pourquoi as-tu menti ? avait poursuivi sa mère.

Oui, cela avait sacrément bardé ce soir-là. Rutger avait dû réparer la chaise et on l'avait ensuite envoyé se coucher sans manger. Il avait fallu plusieurs semaines pour que le forgeron Svensson oublie l'incident et Rutger n'avait plus jamais menti. Non, appeler le bureau de poste et se présenter sous un faux nom, c'était tout simplement impossible. Appeler sans se présenter contrevenait également à ses principes.

Je vais devoir écrire à la place, pensa Rutger. Écrire à la société pour les prier de contacter la rédaction. Il n'y a sans doute aucune entreprise qui refuse un peu de publicité gratuite, du moins si elle est sérieuse.

24

L'hiver avait été assez doux. La neige tombée à Noël avait fondu depuis longtemps. Le petit sentier qui menait aux cabinets des demoiselles Svensson était si boueux qu'elles étaient obligées d'enfiler leurs bottes quand elles avaient besoin de s'y rendre. Lorsqu'on restait immobile à attendre devant la porte, on avait l'impression de s'enfoncer dans un marécage. Il fallait sans cesse décaler ses pieds pour ne pas rester coincée. En tout cas, elles n'avaient pas à attendre le dégel du sol et le fils d'Olofsson aurait pu commencer les travaux de modernisation dès maintenant, mais le mois de février était parfois traître, et le mauvais temps pouvait frapper à tout moment. Il valait donc sûrement mieux quand même attendre avril, comme ils l'avaient décidé dès le départ.

— C'est le dernier hiver que nous venons ici, déclara Tilda de l'intérieur des cabinets.

— Il y en a cinquante-quatre, tu sais.

— Cinquante-quatre quoi ?

— Des poteaux dans la clôture d'Alvar.

Dans leur enfance, celle qui attendait dehors comptait toujours les poteaux de la clôture, histoire de tuer le temps.

— Espèce de vieille folle ! s'exclama Elida. Je ne comptais pas les poteaux, mais l'argent que nous avons gagné.

— Combien avons-nous à présent ?

Tilda n'avait pas vu le total après les dernières livraisons.

— 87 000.

— Ouh, gémit Tilda.

Lorsqu'elles furent de retour dans la cuisine, sa sœur lui montra le livre de comptes, comme pour lui prouver qu'elle disait vrai. Le cahier comportait de nombreuses colonnes, mais Elida n'en utilisait que deux : dépenses et recettes. Cela suffisait, car c'était surtout pour qu'elles puissent évaluer le ratio entre les deux qu'Elida se livrait à cet exercice.

— Nous n'allons quand même pas faire figurer ça sur notre prochaine déclaration, si ? s'enquit Tilda.

Elida dévisagea sa sœur avec colère, comme si elle venait de proférer une énorme ânerie. Tilda comprit tout de suite l'idiotie de sa question et elle partit d'un rire gêné.

— Je plaisantais, ajouta-t-elle.

Mais les deux sœurs savaient que ce n'était pas vrai.

Oui, Tilda avait toujours eu un don pour parler sans réfléchir, ce qui lui avait souvent valu de se retrouver dans des situations embarrassantes. Cela tenait peut-être au fait qu'elle ne supportait pas le silence. Dès que les gens se taisaient, elle s'empressait de glisser quelque chose, et, comme ce jour-là, parfois sans tourner sept fois sa langue dans sa bouche.

« Réfléchis d'abord et parle ensuite », lui disait toujours son père, mais cela ne lui avait jamais profité. Elle avait peur du silence, voilà tout. Un jour, cela avait failli tourner au vinaigre. C'était lors des enchères de l'atelier de couture. Le commissaire-priseur n'avait que peu d'expérience et laissait s'écouler un peu trop de temps avant ses coups de marteau. Tilda n'avait pas supporté le silence qui s'ensuivait et s'était presque sentie obligée d'enchérir encore et encore. Elida avait beau lui donner des coups de coude pour qu'elle tienne sa langue dès que le silence se faisait, elle avait continué à faire des offres. Pour finir, la tapisserie bigarrée qu'elle n'aimait en fait pas du tout lui avait donc été adjugée. Elida l'avait vertement sermonnée sur le chemin du retour et Tilda avait regretté son geste. Elle n'avait jamais accroché la tapisserie au mur, mais l'avait rangée dans l'un des tiroirs du séjour. Elle ne voulait pas avoir en permanence le rappel de sa bêtise sous le nez. Elida avait parfois remis le sujet sur le tapis, les jours de mauvaise humeur ou quand Tilda se plaignait du prix des choses.

— Quand on a les moyens de s'offrir une tapisserie, on a les moyens de faire les courses, avait dit Elida la dernière fois, mais lorsqu'elle avait croisé le regard désespéré de sa sœur, elle avait ajouté : Bah, elle servira peut-être un jour. C'était sans doute un bon investissement quand même, Tilda.

Tilda avait senti qu'Elida ne pensait pas ce qu'elle disait, et elle avait décidé qu'elle lui rendrait la monnaie de sa pièce à la première occasion. Cela ne s'était jamais produit, car Elida se montrait toujours prudente en tout. Tilda se consolait en se disant que l'argent était allé à une bonne cause.

— 87 000, répéta Tilda, comme pour percer le silence. Cela suffit à présent, non ? demanda-t-elle à Elida.

— C'est toujours plus cher que prévu.

Les estivants le disaient à l'épicerie : quand on commence à rénover des vieilles maisons, c'est sans fin, elle l'avait souvent entendu.

80 000 à 90 000 couronnes, leur avait annoncé le fils d'Olofsson, alors mieux valait avoir quelques réserves pour ne pas avoir à ponctionner leur capital. On peut être confronté à des périodes de vaches maigres, et il faut toujours avoir un petit bas de laine.

Les sœurs sortirent la vieille boîte à chaussures de l'armoire. Elles y avaient rassemblé toutes les commandes reçues. Elida en sortit une liasse qu'elle posa sur la table.

— Voici ce qui correspond plus ou moins à 1 000 couronnes, si on fait abstraction des coûts. Et il n'y avait pas de nouvelles commandes à la poste aujourd'hui ? soupira-t-elle.

— Il va sans doute falloir que nous passions une nouvelle annonce, intervint Tilda. Peut-être dans un autre journal.

— Il nous faudrait vraiment de bonnes ventes pour couvrir le coût d'une annonce, répondit Elida sur un ton grave. Nous devrions peut-être arrêter quand même. Quelques commandes isolées continueront bien à tomber.

— Et le toit ?

Elida garda le silence. Elles en avaient beaucoup discuté le soir, lorsqu'elles préparaient les livraisons. Elles avaient souvent eu le sentiment de commettre une mauvaise action. Elles n'avaient reçu aucun témoignage de l'efficacité de l'élixir. Aucune réclamation non plus, cela dit.

— Imagine que l'élixir ait fonctionné pour Rutger… déclara Tilda.

Elles avaient peut-être carrément sauvé le mariage de leur frère.

— Est-ce que nous ne devrions pas appeler pour remercier Marianne pour sa carte ? s'enquit Elida.

Tilda acquiesça et Elida gagna le hall pour composer le numéro. Tilda se posta juste à côté pour pouvoir suivre la conversation.

Rutger rentrait tout juste du travail. Il avait expédié sa lettre à la boîte postale 108 et venait de se battre en duel avec sa conscience. Il s'était avancé jusqu'au bar, l'avait ouvert, refermé. Il se dirigeait de nouveau vers lui à l'instant où le téléphone sonna.

— Svensson. Bonjour, Elida ! Oui, tout va bien. Bien sûr, elle est rentrée hier. Comment allez-vous ? Ah, c'est une bonne chose. En avril, je vois. Vous allez sans doute gagner en confort. Oui, j'y ai réfléchi ces derniers temps. Vous avez raison d'entreprendre ces travaux. Marianne le pense aussi. Bien sûr que c'est vrai ! Oui, je l'appelle.

Il passa le combiné à son épouse, puis regagna le séjour. Il lança un regard vers le bar, mais passa son chemin et s'installa dans le fauteuil devant la télé. Cela lui avait fait du bien de parler à Elida, car il avait un peu mauvaise conscience depuis qu'il lui avait raccroché au nez. Ce n'était que justice que ses sœurs s'offrent des toilettes à l'intérieur. Elles s'étaient toujours montrées économes, se dit-il, comme s'il cherchait à se convaincre qu'elles faisaient le bon choix. Pourtant il éprouvait toujours un certain malaise. C'était sans doute cette histoire de directeur de bureau. Et puis, le soudain détachement de ses sœurs à l'égard de l'argent. Sans parler de ce ton tranchant qu'elles avaient parfois et qu'elles n'avaient jamais employé avec lui auparavant.

— Elles avaient l'air si contentes, déclara Marianne lorsqu'elle le rejoignit dans la pièce. Tellement exaltées, d'une certaine manière. Nous devrions aller leur rendre visite plus souvent.

— Ah, ma chérie, elles s'en sont toujours très bien sorties toutes seules.

Il attira son épouse sur ses genoux.

— On se prend un petit verre ensemble ?

— Pas ce soir. Nous avons bu hier. Il ne faut pas que ça devienne une habitude, répondit Marianne.

Rutger fut déçu. Cela lui aurait paru plus légitime si Marianne avait bu un verre aussi. Maintenant, il ne se sentait plus d'humeur à proposer quoi que ce soit. Il ressentit une pointe d'irritation.

— Aïe ! s'écria Marianne. J'ai oublié mes brioches dans le four. Mes brioches à la cannelle, ajouta-t-elle sur un ton suave.

— Miam, commenta Rutger en se frottant le ventre.

On voyait que ces vacances lui avaient fait du bien. Une fois Marianne disparue dans la cuisine, Rutger se faufila discrètement dans le hall. Son épouse lui avait paru si tendre aujourd'hui qu'il ne pouvait pas savoir si elle voudrait ce soir aussi. Pour plus de sécurité, Rutger ouvrit la boîte à outils, puis il se retourna pour s'assurer d'être seul. Il souleva le couvercle avec précaution avant de s'apercevoir qu'il n'avait pas de cuillère à portée de main. Bon, il va falloir que je me serve de mon ciseau à bois, se dit-il. Juste à l'instant où il le fourrait dans sa bouche, il entendit la voix de Marianne derrière lui.

— Rutger ! Qu'est-ce que tu fabriques ?

Incapable de répondre, il s'empressa d'avaler. Il ne trouva aucune repartie plausible.

— Rutger, qu'est-ce que tu fais ? répéta Marianne, comme s'il n'avait pas entendu.

— Rien, je vérifie mes outils. J'avais l'intention de réparer la porte de service, parce qu'elle coince.

De toute évidence, Marianne ne le croyait pas. Elle fut cependant assez fine pour ne rien dire et se contenter de le fixer d'un air dubitatif quand il referma la boîte à outils, puis la porte du placard. Il connaissait sa femme sur le bout des doigts après toutes ces années de vie commune et savait qu'à la seconde où il serait parti au travail le lendemain, elle passerait sa boîte à outils au peigne fin. Il lui fallait trouver une nouvelle cachette dès que Marianne serait endormie.

Ce soir-là, Rutger s'endormit devant la télé et, lorsqu'il arriva dans la chambre, son épouse était déjà assoupie. Il jura intérieurement : il avait utilisé une dose d'élixir pour rien. Une fois couché, il observa Marianne, essayant de l'imaginer dans la même position que la fille sur la couverture du magazine. Il se sentait excité et se persuada que c'étaient les ingrédients de la potion aphrodisiaque qui avaient ressuscité son désir. Il resta longtemps éveillé à se demander où il allait cacher le bocal. Il avait le sentiment que sa femme contrôlait chaque centimètre carré de leur maison et il ne parvenait pas à trouver un endroit susceptible de lui échapper. Si, il y en avait un, songea Rutger avec soulagement : l'armoire à fusibles. Mais même si Marianne ne l'avait jamais ouverte, cette solution lui paraissait trop risquée. Trop accessible. Après maintes tergiversations, Rutger décida de glisser le bocal dans sa serviette avant de partir au travail. Il le mettrait dans l'espace à côté de la roue de secours de la voiture. Il tourna de nouveau les yeux vers son épouse qui dormait paisiblement. Il se leva, gagna le hall à pas de loup, ouvrit le placard. Alors qu'il soulevait le couvercle de la boîte à outils, Marianne hurla :

— RUTGER !

Il referma la boîte en toute hâte et se rua dans la chambre.

— Qu'est-ce qu'il y a ?

— J'ai cru entendre quelqu'un dans l'entrée, dit-elle avant de se retourner, de remonter la couette sur ses épaules, de remuer les lèvres plusieurs fois et de se rendormir.

Rutger se sentait trop mal à l'aise. Il n'osait pas retourner dans le hall de peur d'être pris la main dans le sac. Il se glissa entre les draps frais et décida de partir tôt le lendemain, avant le réveil de Marianne. Le sommeil ne voulait pas venir. Il était inquiet. Il entendit la pendule sonner 2 heures et poussa un profond soupir.

25

La soirée à Borrby avait été calme et agréable. La conversation avec Rutger avait mis les sœurs en joie. Il semblait si gai. Marianne aussi. Et les demoiselles avaient la conviction que c'était grâce à elles.

Cette entreprise avait sérieusement entamé leurs forces et rien n'était plus comme avant. Il y avait les voyages en ville, la crainte d'être démasquées et, surtout, la conscience d'exercer cette activité dans leur maison familiale où les portraits de leurs aïeux les suivaient des yeux.

Elles avaient placé les dernières pâtisseries de Noël sur le plat à gâteaux, allumé des bougies et essayé de réfléchir calmement à la situation.

— Je crois que nous allons arrêter, déclara soudain Elida.

— Mais... commença Tilda avant de s'apercevoir qu'elle n'avait pas d'objection.

— Nous avons assez d'argent, poursuivit Elida. Et s'il venait à nous manquer quelque chose, nous avons les réserves dans le lavoir. Nous nous en sortirons toujours.

— Et Rutger ? se risqua Tilda.

— Comment ça, Rutger ?

— Lorsqu'il n'aura plus d'élixir et ne pourra plus en acheter.

— Nous pouvons lui en envoyer un peu plus, répondit Elida et là, c'est elle qui parlait sans réfléchir.

— Vraiment ? lança Tilda sur un ton acidulé, car elle avait senti que sa vengeance était à portée de main. Nous allons peut-être lui expédier un ou deux bocaux pour son anniversaire. « *Élixir aphrodisiaque gratuit pour ton anniversaire, avec nos meilleurs vœux. Tilda et Elida.* » Ce serait quelque chose, non ? continua-t-elle en savourant chaque mot qu'elle prononçait.

Elle s'apprêtait à poursuivre lorsque sa sœur l'interrompit.

— C'est bon. J'ai compris.

Elida réfléchit quelques instants.

— Nous pourrions peut-être lui envoyer un message en prétendant que nous en avons fait bénéficier tous nos clients pour les avertir que l'entreprise allait fermer, et lui joindre la recette.

— Tu es folle ou quoi ? s'exclama Tilda.

Elle se trouvait en position de supériorité ce soir, clairement.

— Imagine que ça se sache et qu'Alvar l'apprenne. Alors il comprendra tout.

— Oui, tu as raison, soupira de nouveau Elida.

Malgré le cas Rutger, elles décidèrent de cesser leur activité. Elles avaient gagné l'argent nécessaire à la réalisation de leur projet et avaient besoin de sérénité.

— Enfin, nous nous sommes quand même bien amusées, commenta Tilda quand elles se furent couchées.

Elida ne répondit pas.

— Tu te souviens de la première fois que nous avons ouvert la boîte ? poursuivit Tilda. Lorsque les lettres sont tombées et que tu m'as coincé le doigt dans la porte.

Elida se mit à rire.

— Oui, bien sûr que je m'en rappelle. Et quand nous avons bu un café-goutte pour l'Avent et que nous nous sommes endormies sur la table à cause de tout cet alcool !

— Avec des bougies bleu ciel sur le chandelier !

Elles rirent longuement.

— Tu te rappelles la première livraison, Elida ?

Sa sœur s'était déjà assoupie, mais Tilda pouffa encore plusieurs fois en se remémorant toutes les péripéties de ces dernières semaines.

Le café du soir était déjà en train de lui tourmenter la vessie, mais Tilda ne voulait pas réveiller Elida pour lui demander de l'accompagner aux cabinets. Elle se leva, souleva le couvercle du pot de chambre et s'installa sur le beau récipient en porcelaine de Rörstrand. Tandis que le fin filet s'écoulait, Tilda considéra sa sœur et sentit la tendresse se diffuser dans tout son corps. Espèce de vieille toquée, pensa-t-elle. Envoyer la recette à Rutger ! Elle se redressa, posa l'un des journaux d'Alvar sur le pot et le rangea dans le placard. La chaleur n'avait pas encore quitté le lit et Tilda se blottit entre les draps. Après, nous pourrons planter des fleurs dans le pot, comme les estivants, songea-t-elle avec ravissement.

Le froid revint en force et sans prévenir. L'eau dans le tonneau sous la gouttière avait commencé à geler et il fallait mettre beaucoup de bois dans le poêle et le fourneau pour garder la maison chaude. Il n'avait pas gelé et ce froid sec n'était pas bon pour les plantes du jardin.

En lisant le journal, les sœurs constatèrent qu'une autre maison avait été vendue à un citadin. Les villageois surnommaient les propriétés des Stockholmois « les immortelles ». L'hiver, ces longues rangées de maisons vides offraient un triste spectacle. Des immortelles décoraient les appuis des fenêtres et les cadavres de mouches qui s'y accumulaient évoquaient l'été révolu. Certaines habitations n'avaient jamais été vendues, mais étaient simplement louées l'été.

La petite chaumière à colombages de Jespersson appartenait à cette dernière catégorie. Souvent, elle était occupée par des artistes ou autres qui venaient passer une semaine à la campagne. Des gens compliqués, comme on disait au village. Ainsi, par exemple, cette tisserande qui venait tous les ans. Elle avait des idées bien arrêtées sur la plupart des choses et paraissait un peu excentrique. Quelqu'un avait affirmé qu'elle avait été internée dans un hôpital psychiatrique, mais il ne s'agissait sans doute que de ragots. Elle était entrée en conflit avec Jespersson, ce qui n'empêchait pas ce dernier de lui louer les lieux année après année. Un été, elle avait affiché une grande pancarte à la fenêtre. « Les mouches de Jespersson », y était-il inscrit et elle avait dessiné une flèche pointant vers le tas d'insectes morts sur le châssis. Cela avait provoqué un certain amusement au village et tout le monde s'était demandé ce qu'elle voulait dire. Ce point ne fut jamais élucidé, mais les théories ne manquaient pas. Elle achetait du vin presque tous les jours et s'installait dans le jardin avec sa bouteille sans se soucier aucunement du qu'en-dira-t-on. Parfois au beau milieu de la matinée.

« Elle devrait avoir honte ! » avait un jour commenté Karna Bengtsson alors qu'elles revenaient d'une réunion paroissiale et que cette bonne femme prenait le soleil avec sa bouteille de vin et un gros cigare aux coins des lèvres. Mais Karna Bengtsson était hypocrite. Elle faisait des ronds de jambe devant les estivants et ne savait qu'inventer pour gagner leurs faveurs. Elle avait beau s'offusquer des habitudes de l'artiste, elle lui avait plusieurs fois proposé de lui rapporter du vin, puisqu'elle devait de toute façon se rendre en ville. Non, on ne pouvait vraiment pas se fier à Karna Bengtsson. Aux estivants non plus, d'ailleurs. Tilda et Elida n'avaient jamais rien constaté de leurs propres yeux, mais elles avaient entendu beaucoup d'histoires. Oh ça, oui.

Bref, l'hiver avait fait un retour en force et il s'écoulerait encore pas mal de temps avant que les immortelles ne soient de nouveau envahies par les citadins.

Pour la première fois depuis longtemps, les sœurs se sentaient oisives. Aucune tâche ne les attendait et elles ne tenaient pas en place en ce matin de février. Le facteur était pressé. Sinon, il aurait pu s'attarder et les aider à faire passer le temps, comme il le faisait parfois. Elles avaient reçu leur avis de pension ainsi qu'un petit catalogue présentant diverses marchandises.

— Préparons-nous une tasse de chocolat chaud, suggéra Tilda, et ensuite, nous regarderons la réclame.

Elida s'empressa de sortir les deux tasses en céramique du placard de la cuisine. C'était Rutger et Marianne qui les avaient achetées lors de l'une de leurs visites, un été. Ils n'aimaient pas boire leur café du matin dans les tasses fines et s'étaient donc acheté chacun un mug, puis les avaient laissés là.

Une plaisante odeur de chocolat envahit bientôt la pièce. Elida plaça des assiettes sous les mugs pour ne pas tacher la nappe toute propre.

— Hmm, c'est bien chaud, commenta Tilda, qui souffla d'abord sur le breuvage avant de le siroter.

Les sœurs posèrent le catalogue coloré entre elles et Tilda tourna la première page avec précaution. Les robes d'été étaient déjà en vente.

— Celle-ci est jolie, commenta Elida en désignant un modèle imprimé avec un jupon plissé.

— 500 couronnes, lut Tilda. Elles sont moins chères que celles que nous avons achetées en ville, ajouta-t-elle et elle fut à deux doigts de se mordre la langue, car elle n'avait jamais révélé le prix de sa robe à sa sœur.

— En effet, constata Elida sans réagir au propos de Tilda.

D'accord, pensa Tilda. Donc sa robe valait également plus de 500 couronnes.

Les demoiselles se délectèrent de toutes ces belles images, discutèrent des prix et rirent de tout ce qui leur paraissait trop extravagant.

— LÀ ! hurla Tilda, et elle manqua de renverser son chocolat. REGARDE !

— Calme-toi, la morigéna Elida.

Tilda se ressaisit et pointa son doigt déformé par l'arthrite vers l'article.

— Regarde, Elida. Un tapis comme celui que nous avons décidé d'acheter pour notre nouvelle salle d'eau !

— Oui, tout à fait ! répondit Elida, elle aussi au comble de l'excitation. Et dans la bonne nuance de bleu, en plus…

— Et là, une de ces housses d'abattant, ajouta Tilda en lui montrant une protection en velours synthétique. Combien coûte-t-elle ?

Sa sœur lut à voix haute :

— « *Luxueux ensemble de salle de bains comportant un tapis et une housse d'abattant 100 % polyester. Seulement 198 couronnes !* »

— Ce n'est pas cher, si ? demanda Tilda, impatiente d'entendre l'avis d'Elida.

— Moui, peut-être, dit sa sœur sur un ton réticent avant de tourner la page.

— Mais, insista Tilda, nous n'allons pas l'acheter ?

— Pas par correspondance, répondit Elida avec maturité. Il ne faut jamais le faire.

— Pourquoi ? ne put s'empêcher de demander Tilda.

— Les sociétés de vente par correspondance sont des attrape-nigauds.

— Ah bon ? Nous en avons une pourtant.

— Ils montrent un article en photo et celui qu'on reçoit est différent.

Tilda n'osa pas contrarier sa sœur, mais elle eut du mal à se concentrer sur les pages suivantes.

— Filtre permanent, annonça Elida. Lavez-le, réutilisez-le et économisez des centaines de couronnes par an. En nylon avec une armature en plastique.

— C'est ça que nous aurions dû avoir, commenta Tilda, mais ce n'est plus nécessaire maintenant que nous allons fermer notre entreprise.

— Nous faisons quand même du café pour nous, objecta Elida. Si nous vivons encore quelques mois, nous l'aurons déjà rentabilisé.

— Comment ça, si nous vivons ? s'inquiéta Tilda. Tu ne te sens pas bien, Elida ?

— Bien sûr que si, la rassura sa sœur. Je voulais juste dire qu'il nous permettrait de faire des économies en peu de temps.

Tilda paraissait toujours préoccupée.

— Tu es vraiment sûre que tu n'as pas de problème ?

— Oui, mais tu as bien vu ce qui est arrivé à Blixt. Il avait une santé de fer et tout à coup… plaisanta Elida.

— Je ne trouve pas ça drôle, répliqua Tilda.

— Je pensais juste à la manière dont il est mort.

Leur mère Elna l'avait appris le matin, à l'épicerie, et voulait le raconter au forgeron dès son retour à la maison. Cette sinistre nouvelle l'avait bouleversée et elle avait dit :

— Blixt est mort. Lorsqu'il s'est couché hier soir, il était en pleine forme, mais quand il s'est réveillé ce matin, il était mort.

Le rire tonitruant du forgeron Svensson avait retenti dans toute la maison.

— Comment peut-on se réveiller si on est mort ? Tu es vraiment une bécasse, Elna.

Elna avait baissé les yeux, mortifiée.

Le rire du forgeron s'était vite éteint et il avait repris son sérieux.

— C'était un bon bougre, ce Blixt, avait-il déclaré, comme pour faire passer la pilule.

Tilda pensait souvent à la mort et se demandait qui d'elle ou d'Elida partirait la première. C'était quand même sa sœur qui était la plus douée pour gérer les choses. Ces derniers temps, ces réflexions s'imposaient de plus en plus souvent à elle. Tilda voulait qu'elles profitent des transformations de leur maison natale ensemble. Elle avait également eu des craintes au sujet de l'entreprise. Désormais, leurs deux noms seraient couverts de honte si un événement imprévu survenait. Elle frissonna à cette perspective et lança un regard en coin à Elida. En tout cas, elle avait l'air en bonne santé, se consola-t-elle.

Tilda vit que sa sœur avait détaché le bon de commande et qu'elle avait également sorti un stylo du tiroir.

— Nous allons acheter un de ces filtres ? s'enquit-elle.

— Oui, si tu me promets de ne pas mourir avant qu'il soit rentabilisé. Mais bon, entre ce qui est présenté sur cette photo et ce que nous allons recevoir, ce ne sera peut-être pas la même histoire, répondit Elida sur un ton bourru.

Puis les deux sœurs éclatèrent d'un rire libérateur.

— Si nous commandons et que nous payons les frais de port, autant…

— Nous sommes complètement folles, commenta Elida en complétant le talon. Un filtre permanent et un ensemble de salle de bains en polyester.

Le chocolat avait refroidi dans leurs tasses et une peau s'était formée à la surface. C'était la première fois que les demoiselles commandaient par correspondance. En outre, leurs deux achats pouvaient être considérés comme du luxe. Cela dit, puisqu'elles allaient peut-être dépenser 90 000 couronnes pour de nouveaux water-closets, 220 couronnes n'étaient rien en comparaison, plaisanta Elida.

— Mais il n'y a pas de risque que nous fassions f…

Le mot était si affreux que Tilda ne put se résoudre à le prononcer.

— Mais non, la rassura sa sœur. Tu te rends bien compte que nous en sommes loin.

26

Tout s'était déroulé à merveille chez Rutger ce matin-là. Marianne dormait à poings fermés lorsqu'il s'était levé et il avait pu transférer le bocal de sa caisse à outils dans sa serviette sans encombre. Avant de partir, il avait déposé un baiser sur la joue de Marianne et le sourire de sa femme lui avait fait chaud au cœur.

Quand elle avait entendu la porte d'entrée se refermer, Marianne s'était étirée comme un chat dans le lit. Rutger avait changé depuis son retour. Elle ignorait ce qui avait influé sur leur vie commune : était-ce le fait d'avoir été séparés pour la première fois depuis de nombreuses années ou bien avait-il compris ce qui s'était produit sur la Côte d'Azur et qu'elle avait décidé d'être une bonne épouse ? Peu importait la raison de ce changement, car elle s'en félicitait. Il y avait longtemps qu'elle ne s'était pas sentie aussi épanouie en compagnie de son mari. Elle enfila ses pantoufles, puis alla prendre sa douche. Soudain, elle se remémora l'incident de la boîte à outils. Elle ferma le robinet et gagna le hall. Elle fouilla la boîte à outils dans les moindres recoins, y compris les petites pochettes en plastique contenant des rustines. Il y avait quelque chose, Marianne en avait l'intuition, mais elle n'arrivait pas à mettre le doigt dessus. Tout cela était très étrange. Mais s'il y avait anguille sous roche, elle savait qu'elle finirait par l'apprendre, tôt ou tard. Après tant d'années passées ensemble, les secrets ne faisaient pas long feu. Elle se contenta de ce postulat.

Le retour du gel irritait Rutger. Il n'aimait pas avoir à gratter les vitres. Lorsqu'elles furent assez dégagées pour qu'il puisse conduire, il se rappela le bocal. Il descendit de voiture et voulut ouvrir le coffre.

— Merde ! lâcha-t-il.

Gelé. Il avait lavé son véhicule la veille et l'humidité résiduelle sur le joint de caoutchouc avait dû rester collée. L'espace d'un instant, il fut abattu et désemparé, puis il pensa à la bombe de dégivrant. Il chercha dans la boîte à gants, parmi les cartes, les manuels, les emballages de chocolat. Il la trouva enfin et se dirigea de nouveau vers le coffre. Il braqua l'aérosol vers la fente et pressa la gâchette, mais rien ne se produisit. Il la secoua et réitéra la manœuvre, en vain.

— Putain ! jura-t-il en comprenant que la bombe, qui n'avait pas été utilisée depuis longtemps, s'était bouchée.

Il commençait à avoir froid et sentait la frustration l'envahir. Marianne est sans doute en train d'inspecter la boîte à outils, pensa-t-il. Cela l'agaçait de n'avoir aucun endroit bien à lui. Un couple aussi rodé que le leur, ça n'avait pas que des avantages. Il n'y avait pour ainsi dire plus aucune marge pour les surprises. On savait d'avance quelles réponses on obtiendrait à ses questions et on ne pouvait rien faire d'inattendu. On était démasqué avant même d'avoir échafaudé quoi que ce soit ! Comme la fois où Marianne avait fait tomber son alliance sous le piano dans le salon. Lorsqu'elle s'était baissée pour la ramasser, il avait éprouvé une envie irrésistible de lui donner une tape sur les fesses. « Laisse tomber, Rutger, je sais ce que tu as en tête », avait-elle déclaré alors qu'il avait à peine eu le temps d'en formuler la pensée.

Rutger lâcha un nouveau juron, puis il songea au pin's du Lions Club sur le revers de son manteau. Il déboutonna son col, détacha l'insigne et essaya d'enfoncer l'épingle dans l'orifice de l'aérosol.

— Trop épaisse, soupira-t-il.

Il n'avait plus de temps à perdre. Il se dit que le problème se résoudrait peut-être de lui-même lorsqu'il aurait conduit un peu et que la voiture se serait réchauffée. Il n'aurait alors plus aucune difficulté à ouvrir le coffre. Ses doigts étaient raides de froid lorsqu'il démarra. Il alluma la radio et son corps comme son âme ne tardèrent pas à dégeler. Il fut même saisi d'une certaine hilarité lorsqu'il pensa aux incidents de ces derniers temps. D'abord, l'embarrassante scène de la poste quand il était allé récupérer le colis endommagé, puis l'épisode de la caisse à outils et à présent, ça. Mais cela en vaut la peine, se dit-il en se représentant Marianne dans le lit. Il sifflota l'air de la chanson qui passait, puis éclata de rire pour lui-même. Il n'était ni le premier ni le dernier à avoir des problèmes pour trouver une cachette. Il se remémora les déboires de Gösta, son camarade d'enfance, qu'il avait croisé dans un congrès quelque temps plus tôt. Ce dernier lui avait confié que son épouse pensait qu'il était devenu alcoolique, parce qu'il tenait à emporter une bouteille de vodka lorsqu'ils passaient des week-ends dans leur résidence secondaire. Pour finir, cela était allé si loin qu'elle le lui avait interdit. Malgré ça, il avait réussi à cacher une bouteille dans les bagages. Quand sa femme avait découvert sa combine, elle avait pris l'habitude de fouiller la voiture de fond en comble avant chaque départ. La simple pensée de ne pas pouvoir emporter d'alcool avait poussé Gösta au désespoir. Après une semaine éprouvante au travail, ils devaient de nouveau se rendre à la campagne. Gösta savait que son épouse passerait leur véhicule au peigne fin et la perspective de passer tout un week-end sans vodka lui était tout simplement insupportable. Une idée lumineuse lui était alors venue. La veille du départ, il avait vidé le réservoir de lave-glace et l'avait rempli de vodka. C'était son épouse qui devait prendre le volant et il faisait un temps radieux. Au bout de quelques kilomètres, il s'était mis à pleuvoir et sa femme avait commencé à asperger les vitres de son précieux breuvage. Elle n'en finissait plus d'appuyer sur la commande tandis que Gösta était au bord de la crise de nerfs. Rutger se remit à rire en y pensant.

Il dut attendre l'après-midi pour déverrouiller le coffre et mettre à exécution son plan de dissimuler le bocal dans l'espace à côté de la roue de secours.

Tilda et Elida se tenaient devant le miroir de l'entrée, vérifiant une dernière fois leur reflet avant d'aller prendre le bus. C'était le 17 février et elles avaient décidé de se rendre en ville pour relever la boîte. Elles avaient également résolu d'en résilier le bail à la fin du mois.

Si aucune nouvelle commande n'était arrivée, elles n'en recevraient sans doute plus d'autres, avaient-elles raisonné. Chaque fois qu'elles enfilaient les belles écharpes et les gants qu'Alvar leur avait offerts, elles avaient l'impression que c'était un jour de fête.

— Avons-nous besoin d'argent ? s'enquit Tilda.

— Juste ce qu'il faut pour parer à un éventuel imprévu.

Tilda savait ce que sa sœur voulait dire. Leur mère leur avait toujours enseigné qu'on devait se munir d'argent lorsqu'on sortait, au cas où on se retrouverait à l'hôpital. Et des sous-vêtements propres, avait-elle ajouté. Elida n'avait jamais eu à mentionner ces derniers, car elles en changeaient tous les jours, qu'elles aient à s'absenter ou pas, et elles n'avaient jamais fini à l'hôpital non plus.

— Prenons un billet de 100 couronnes chacune, pour plus de sécurité, précisa Elida.

Ces derniers temps, elles veillaient à avoir des cagnottes séparées. Tilda soupçonnait que c'était lié à cette tapisserie qu'elle avait achetée aux enchères, mais elle n'en avait évidemment pas la certitude.

Le sentiment de vertige que les demoiselles éprouvaient avant lorsqu'elles devaient se rendre en ville avait totalement disparu. Les sœurs avaient effectué tant de voyages d'affaires au cours des semaines passées qu'elles s'y étaient habituées.

La poste était presque déserte et il n'y avait que deux usagers avant elles. Comme d'habitude, ce fut Elida qui se chargea des travaux pratiques, pour ainsi dire.

— Nous voudrions mettre un terme au contrat de notre boîte postale pour la fin du mois, expliqua-t-elle à la guichetière.

Elida s'était demandé si on leur poserait des questions, mais la jeune préposée accueillit sa requête avec une expression impassible.

— Signez là, lui indiqua-t-elle en lui remettant un imprimé.

Une fois le document paraphé, tout fut réglé.

Les sœurs gagnèrent ensuite la salle voisine où se trouvaient les boîtes. Tilda inséra délicatement la clé dans la serrure de la leur et l'ouvrit. Elle contenait deux courriers. Un bon de commande et une lettre normale. Étonnée, Tilda saisit cette dernière et la tourna et retourna en tous sens. On avait tapé l'adresse à la machine à écrire et le cachet de la poste était illisible. Un sentiment de malaise envahit les demoiselles.

— C'est sans doute une réclamation, lâcha Tilda d'une voix fêlée.

Elida s'empressa de fourrer l'enveloppe dans son sac à main.

— Nous verrons ça à la maison, répliqua-t-elle, manifestement secouée elle aussi.

Avant, elles avaient toujours d'autres courses à effectuer, comme aller chercher des spiritueux ou passer par le supermarché, mais aujourd'hui, elles n'avaient pas besoin de boissons fortes et elles n'avaient aucune envie de s'attarder en ville. La lettre semblait électriser le sac et, d'instinct, elles savaient toutes les deux qu'elle n'augurait rien de bon.

Les sœurs passèrent devant la pâtisserie, le supermarché et les magasins d'habillement sans même jeter un regard aux vitrines. Elles voulaient rentrer à Borrby aussi vite que possible. Elles avaient rejoint l'arrêt de bus avec presque une demi-heure d'avance et elles attendirent droites comme des *I*, sans échanger un mot. Tilda envisagea d'aller s'acheter une barre de chocolat au kiosque, mais cela aurait paru quelque peu déplacé.

C'est Elida qui ouvrit la lettre lorsque les demoiselles eurent regagné leurs pénates. À l'instant même où elle la lut, elle eut le sentiment que le monde cessait d'exister. Il n'y avait plus qu'un grand vide noir, exactement comme au décès de leurs parents.

— Qu'est-ce que c'est ? la pressa Tilda

— C'est Rutger, répondit Elida d'une voix éteinte.

— Rutger ? s'étonna Tilda.

— Oui, RUTGER ! hurla sa sœur sur un ton tranchant. Tu es sourde ou quoi ?

Tilda se recroquevilla près du fourneau. Elle n'avait pas encore eu le temps de s'asseoir, mais sentit que le temps était venu de le faire. Elle n'osa pas demander ce que son frère écrivait.

Le regard d'Elida errait dans la cuisine, se portant tantôt sur la lettre tantôt sur le papier peint, la fenêtre ou le fourneau avant de revenir se poser sur la missive. En revanche, elle évitait de regarder Tilda.

— Est-ce qu'il va bien ? s'enquit Tilda avec prudence tout en comprenant que Rutger ne leur avait pas envoyé un courrier à l'adresse de leur boîte postale pour évoquer sa santé.

Elida dévisagea sa sœur avec colère.

— C'est exactement ce que je disais depuis le début. Nous n'aurions jamais dû nous lancer dans cette opération.

— Mais c'est toi qui…

— Je n'ai fait que mentionner la possibilité, rétorqua Elida. C'est toi qui as insisté.

Elida dans toute sa splendeur, fidèle à elle-même, incapable de reconnaître qu'elle avait commis une erreur.

Tilda commença à se racler la gorge.

— Tu te tais ! lui lança sa sœur avant même qu'elle n'ait ouvert la bouche. J'ai endossé beaucoup de choses, mais ça, NON !

Tilda, qui sentait son sang bouillir de colère, se pencha au-dessus de la table et arracha la lettre des mains de sa sœur.

— Qu'est-ce qu'il écrit ?

Tilda s'assit sur la banquette et parcourut la missive.

— Oh, mon Dieu, Elida ! Ce n'est pas possible, chuchota-t-elle.

— Il commence à être temps que tu t'en rendes compte.

— Un reportage sur notre entreprise ! reprit Tilda avec un sourire crispé.

— Nous n'avons plus d'entreprise, alors ce n'est pas la peine de nous en faire pour ça. Par contre, connaissant Rutger comme je le connais, poursuivit Elida, il ne va pas renoncer si facilement. Il va peut-être appeler la poste et apprendre qu'il a écrit à sa propre boîte.

— Qu'allons-nous faire ? gémit Tilda.

La lettre avait fait l'effet d'une bombe. Elles avaient beau retourner le problème dans tous les sens, elles n'entrevoyaient aucune solution. Elles avaient émis un tas d'hypothèses, mais les avaient toutes écartées. Leur irritation s'était accrue et elles ne s'étaient pas donné la peine de prendre leur repas du soir. Elles avaient surtout brassé de l'air. Un silence glacial avait régné, puis les reproches s'étaient remis à pleuvoir. Ce n'était que lorsque Tilda avait éclaté en sanglots qu'Elida avait senti que la situation était intenable.

— Ne sois pas triste, Tilda. Ça va s'arranger, l'avait consolée sa sœur, et quelque chose s'était alors brisé en Tilda, qui avait pleuré de plus belle, comme un enfant. Tiens, avait insisté sa sœur en lui tendant un grand mouchoir. Mouche-toi et nous allons nous boire un verre chacune. Nous en avons bien besoin.

Même cette perspective ne put convaincre Tilda de sécher ses larmes. Elle gagna la chambre, referma la porte et enfonça son visage gonflé et rougi dans la vieille courtepointe.

Elida comprit que, comme tant de fois auparavant, il lui incombait de se montrer la plus forte. Elle avait moins de mal à rassembler ses pensées à présent que Tilda avait quitté la pièce. Elle fit du café, puis alla dans le séjour chercher quelques-unes des pralines qu'Alvar leur avait un jour offertes. Elle se dirigea ensuite vers le placard d'angle et prépara deux verres à liqueur. Elle ne les remplit pas, mais posa la bouteille à côté. Elles avaient rangé le chandelier de l'Avent, cependant elle sortit deux belles bougies vertes qui attendaient dans l'un des placards de la cuisine depuis des années. Enfin, elle entrouvrit la porte de la chambre avec précaution.

— TIIIILDA, le café est prêt. Tu m'entends, Tilda ?

Tilda souffla bruyamment dans le grand mouchoir, puis elle se leva.

— Quelle belle table tu as dressée ! Des bougies, des pralines, du vin cuit…

— Nous n'allons quand même pas laisser la lettre de Rutger nous gâcher l'existence ! répondit Elida. Ce n'est pas la mort du petit cheval et nous allons nous débrouiller, tu verras.

Tilda avait grande confiance en sa sœur. Si elle affirmait qu'elles s'en sortiraient, alors elles s'en sortiraient.

Le café et les confiseries étaient bons, et elles burent leur vin cuit en silence. Puis un second. Au moment où Elida s'apprêtait à leur en servir un troisième, Tilda protesta :

— Ça ne va pas la tête !

Pour autant, elle retira sa main de son verre et sa sœur le remplit de nouveau.

— Voilà ce que je me suis dit, expliqua Elida. Nous devrions répondre à Rutger, le remercier de sa proposition et lui apprendre que nous avons cessé notre activité.

— Ne vaudrait-il pas mieux dire la vérité ?

— Jamais de la vie ! s'écria Elida. Qu'est-ce que lui et Marianne penseraient ? JAMAIS DE LA VIE !

— Mais comment allons-nous formuler notre lettre alors ?

Elida sortit un bloc-notes et un crayon, puis elle entreprit de rédiger la réponse à l'intention de leur frère. Elida écrivait et gommait, et pendant ce temps Tilda leur servit un verre supplémentaire.

— Tu peux me la lire ? demanda Tilda dont les yeux s'étaient remis à briller.

Elida s'exécuta :

— « *Nous vous remercions de nous avoir sollicités pour participer à votre reportage relatif aux sociétés de vente par correspondance. Notre entreprise a hélas fermé ses portes ce jour.* »

— *Hélas* ? Mais nous voulions toutes les deux…

— Il faut que tu entendes la suite, la coupa Elida. « *Notre entreprise a hélas fermé ses portes ce jour en raison d'un problème de santé.* »

— Alors tu es vraiment malade ? s'inquiéta Tilda.

— Tu veux que je te lise ce que j'ai écrit, oui ou non ? siffla Elida.

— Oui, oui.

— « *ce jour en raison d'un problème de santé. Nous sommes profondément désolés de ne pouvoir collaborer avec vous et espérons que vous trouverez une autre entreprise correspondant à votre cible et en mesure de vous répondre positivement. Vos dévoués…* »

— Vos dévouées Tilda et Elida, railla Tilda. Alors de quel nom vas-tu signer ?

— Fais-le, toi, si c'est si facile que ça ! rétorqua Elida, vexée, en balançant le calepin à sa sœur.

— Mais enfin, pas du tout. Ta lettre était très bien Elida. C'est juste, que cette histoire de maladie et tout ça...

Les bougies avaient fini de se consumer, il n'y avait plus de pralines et les verres étaient vides lorsque les sœurs parvinrent enfin à se mettre d'accord. Elida recopia alors le brouillon avec un véritable stylo-plume et toutes deux se déclarèrent satisfaites du résultat.

— Je peux l'entendre encore une fois ? demanda Tilda, et Elida lut avec fierté :

— « *Nous avons accueilli avec reconnaissance votre lettre nous demandant si nous souhaitions collaborer à votre journal. Cependant, en raison d'un changement de situation, nous sommes dans l'obligation de fermer notre entreprise dès ce jour. Nous ne serons désormais plus joignables. Votre requête nous a honorés et nous espérons que vous trouverez une autre société pour répondre à vos questions. Salutations distinguées. Boîte postale 108.* »

— Cela me paraît très bien, seulement la fin semble un peu incongrue, non ?

Le vin cuit leur avait mis le feu aux joues et toute trace d'irritation entre elles avait disparu.

— Je sais, mais nous ne pouvons pas signer de nos noms.

— Nous pourrions peut-être modifier un peu l'écriture et utiliser un autre nom. Après tout, il ne le saura jamais.

— Ou alors nous pourrions feindre d'avoir oublié de signer, suggéra Elida.

Aucune de ces solutions n'était satisfaisante, elles en avaient conscience, mais pour la première fois de leur vie, les demoiselles s'accordèrent pour commettre un acte déshonorant.

— Bon, il va bien falloir que nous employions un autre nom, finit par déclarer Elida quand elles eurent évalué et écarté une à une toutes les autres possibilités.

— C'est uniquement pour les water-closets et mes hémorroïdes. Sinon, nous ne l'aurions jamais fait, répondit Tilda.

— Non, la consola sa sœur en voyant son expression abattue.

Avant d'aller se coucher, elles discutèrent de nouveau en détail de tous les aspects de la lettre.

— Ensuite, il faut que tout redevienne normal, conclut Tilda en portant la main à sa poitrine.

Dans la cuisine vide trônaient une bouteille de vin cuit et deux verres à liqueur. Contre l'apéritif était posée une enveloppe avec une adresse rédigée dans une écriture contournée : *Monsieur le rédacteur Rutger Svensson*. Entre les tasses, la Bible était ouverte. De fait, les demoiselles avaient décidé d'en lire un chapitre avant de se retirer pour la nuit. Cela faisait si longtemps qu'elles ne s'étaient pas livrées à cet exercice. Et elles avaient vraiment eu l'impression que leur conscience ne les tourmentait plus autant après avoir parcouru ces pages du livre du Seigneur. Elles avaient oublié de fermer les rideaux de la chambre et la clarté lunaire la baignait. Il n'y avait pas âme qui vive dans les rues de Borrby. La maison d'Alvar Klemens se dessinait comme une silhouette noire contre le ciel nocturne, et dans deux mois environ, leurs cabinets extérieurs ne seraient plus que le souvenir d'une époque révolue.

27

— Toujours pas de lettre parfumée, monsieur le rédacteur, plaisanta Mona en balançant le courrier sur le bureau de Rutger. Je pensais que tu en recevrais des tas, maintenant que tu es temporairement séparé.

Parfois, Rutger ne la supportait pas. Elle était vulgaire et, même si sa silhouette était irréprochable, il y semblait indifférent depuis le retour de Marianne.

Il jeta un œil distrait aux lettres. Des publicités – même sur son lieu de travail ! –, des cours et des conférences, puis il vit la lettre en provenance de Borrby. Elle se démarquait des autres par l'écriture contournée et l'enveloppe à fenêtre. Soudain, Rutger prit conscience que c'était le même style que sur l'emballage de l'élixir. Il ferma la porte de son bureau et ouvrit la missive précautionneusement.

« ... *avec reconnaissance*. » Rutger lut la lettre un sourire aux lèvres, pouffa, puis la posa.

— ... « *dans l'obligation de fermer notre entreprise dès ce jour* », dit-il à voix haute. Un pli s'était formé en travers de son front et son regard se portait sans cesse vers la lettre.

Il avait su que quelque chose clochait dès qu'il avait reçu son paquet, et maintenant, ça. Une pensée le rongeait, mais il n'osait même pas la formuler en son for intérieur. La lettre l'obséda toute la journée et en rentrant chez lui, il demanda à Marianne :

— Tu gardes les vieilles cartes postales, non ?

— Pourquoi ça ? s'étonna Marianne.

— En as-tu une de Tilda et d'Elida ?

— De Tilda et d'Elida ? Mais pourquoi me demandes-tu ça ?

— Tu as vraiment besoin de toujours savoir pourquoi ? Tu ne peux pas répondre par oui ou par non ?

— Oui, dit Marianne.

— Comment ça, oui ?

— Oui, répéta Marianne. Nous avons des cartes d'elles dans la corbeille sous la table basse.

Rutger prit le panier, s'installa dans le fauteuil et commença à chercher. Voilà, pensa-t-il en attrapant une carte colorée envoyée par ses sœurs, puis il enfonça la main dans sa poche et en sortit la lettre qu'il avait reçue à la rédaction. Quelle époque ! se dit-il. Certes l'écriture présentait des similitudes, mais ce n'était tout simplement pas possible. Absolument inconcevable. Il éclata de rire. Ses deux vieilles filles de sœurs, qui avaient toujours vécu une vie si irréprochable, créer une société de vente par correspondance spécialisée dans les potions aphrodisiaques ? Elles qui savaient tout juste ce qu'était un homme et avaient presque 80 ans. Il poursuivit son raisonnement. Non, ce n'était pas possible. Pour autant, il ne parvenait pas à chasser cette pensée. Il se demandait aussi s'il fallait poursuivre ses investigations. Il ne voulait pas obtenir la confirmation de ses soupçons. Il ne voulait rien savoir. Mais bon Dieu, c'était délirant. Impossible. Rutger rit à gorge déployée, mais sans aucune joie.

— Tu les trouves ? lança Marianne depuis la cuisine.

— Oui, cria-t-il, puis il s'empressa de ranger la corbeille sous la table.

Marianne se montra chaleureuse ce soir-là. Elle ne cessa de se frotter contre lui et voulut venir de son côté du lit. Rutger n'était pas de bonne humeur, mais il n'eut pas le cœur de la repousser.

— Viens près de moi un moment, mais ma journée a été éprouvante, alors on se contentera de rester dans les bras l'un de l'autre quelques instants.

Il se rendit compte du caractère ridicule de ses paroles. On aurait cru entendre Marianne. « Pas ce soir. Je suis tellement fatiguée. Prends-moi juste dans tes bras », disait-elle souvent. Cependant, cela ne parut pas contrarier son épouse qui se blottit contre lui.

Les pensées de Rutger se bousculaient. Il n'arrivait pas à chasser cette lettre de son esprit.

Au fil des jours, les demoiselles avaient acquis la conviction que leur frère s'était satisfait de leur réponse et avait abandonné l'idée de les contacter. Elles se détendirent, savourèrent leur oisiveté et comptèrent les jours avant le début des travaux de modernisation. Le vendredi, le fils d'Olofsson vint prendre des mesures pour commander les matériaux. « On peut déclarer la rénovation officiellement commencée ! », avait dit Tilda alors qu'elles prenaient leur café du soir.

Ensuite elles reçurent une carte postale d'Alvar. Il n'avait rien de particulier à leur annoncer, il voulait juste leur passer le bonjour et espérait que tout allait bien. Les sœurs décidèrent de lui en envoyer une aussi. Elles avaient mauvaise conscience de l'avoir laissé si longtemps sans nouvelles, mais leur emploi du temps s'était considérablement allégé et elles allaient se rattraper.

Le lundi matin, on frappa à leur porte et le facteur passa la tête.

— Vos commandes par correspondance ! lança-t-il.

Les demoiselles se figèrent. Était-il au courant ? Dans ce cas, elles pouvaient tout aussi bien quitter Borrby pour une maison de retraite ou une résidence services, comme l'avait suggéré Rutger. Elles restèrent pétrifiées jusqu'à ce que le préposé entre dans la cuisine, un carton sous le bras.

— Il n'y a quand même pas de quoi être effrayées, si ? Après tout, c'est vous qui avez passé cette commande, non ?

Le corps des demoiselles se détendit et comme toujours, ce fut Tilda qui rompit le silence.

— Bien sûr. Nous l'avions presque oubliée. Pas vrai, Elida ?

Sa sœur, soulagée, acquiesça.

— Pouvons-nous vous offrir une tasse de café ? Il est prêt, proposa Tilda avec un geste vers la cafetière.

— Oh, c'est bien que vous vous modernisiez, commenta-t-il en voyant l'appareil.

— Oui, c'est plus confortable ainsi, répondit Elida.

Il leur raconta surtout les derniers ragots du village. Les sœurs raffolaient de ces confidences, car elles s'y rendaient assez rarement et elles apprenaient ainsi les dernières nouvelles.

— *Il s'est marié* ! s'exclama Elida. Nicklasson ?

— Tout à fait, confirma le facteur, ravi de son scoop.

— Mais il doit bien avoir 70 ans, intervint Tilda.

— Oui, mais cela n'empêche rien. Il suffit de trouver une jeune femme et ça n'est plus un problème.

Elida fut embarrassée par ce qu'il venait de dire.

— Qui est la mariée ? demanda Tilda pour relancer la conversation.

— L'une des estivantes.

— Quoi ! s'écria Tilda.

— Oui, une des vraiment jeunes. Il pourrait être son père.

— D'accord, je vois, soupira Elida.

Il leur avait appris beaucoup de choses ce matin-là, mais elles éprouvaient quand même une certaine impatience de le voir partir. Elles étaient pressées de découvrir le contenu du carton. Enfin le facteur leur remit le bon de livraison et annonça :

— 248 couronnes.

Tilda alla chercher la vieille boîte à gâteaux dans laquelle elles avaient mis toutes les recettes de leur entreprise, puis elle la posa sur la table, l'ouvrit et prit quelques-uns des nombreux billets.

Le facteur l'observa du coin de l'œil avant de déclarer en riant :

— Ce braquage de banque à Ystad… Je devrais peut-être tuyauter la police.

Tilda s'empressa de refermer la boîte et lui tendit 300 couronnes.

Comme d'habitude, ce fut Elida qui dut rattraper la gaffe de sa sœur.

— Nous allons faire des travaux de rénovation alors nous sommes allées à la banque hier pour retirer un peu d'argent.

— Je vois, répondit le préposé, gêné. Je plaisantais, c'est tout.

— C'est exactement comme Elida vous l'a dit, insista Tilda.

Lorsqu'elles furent de nouveau seules, Elida réprimanda sa sœur.

— Tu ne peux pas réfléchir de temps en temps ? Il ne faut jamais montrer qu'on a autant d'argent chez soi. Imagine qu'on nous cambriole, après tout le mal que nous nous sommes donné !

— C'est un garçon honnête, protesta Tilda.

— Lui, oui, mais tu as bien entendu comment il racontait tout ce qui se passait au village. Cela pourrait facilement lui échapper et après, on ne sait jamais…

Tilda dut admettre qu'elle s'était montrée un peu imprudente, mais se défendit en arguant qu'elle avait agi ainsi par impatience de le voir partir et pour qu'elles puissent ouvrir le carton plus vite.

Elida posa le colis sur la table, entreprit de déchirer le ruban adhésif. Le paquet était bien scellé et Tilda trépignait presque d'impatience. Le contenu leur apparut enfin. Le filtre permanent était dans un petit sac tout fin et l'ensemble de salle de bains dans une belle pochette en plastique.

— Oh ! s'exclama Tilda lorsqu'elles eurent déballé le tapis et la housse de toilette. Oh ce qu'ils sont beaux ! ajouta-t-elle en passant délicatement ses mains percluses d'arthrite sur le matériau velouté. C'est tellement doux et chaud. Touche-les, Elida !

— Bah, se contenta de répondre sa sœur, mais elle palpa quand même le tapis bleu ciel.

Elle dut effectivement admettre qu'il était chaud. Et doux, aussi.

Les demoiselles admirèrent si longuement l'ensemble qu'elles en avaient presque oublié le filtre, jusqu'à ce que Tilda le saisisse. Elle ouvrit le sachet et examina l'ustensile.

— Ils en inventent de ces trucs, quand même. Regarde ! Il suffit de le laver avant de le réutiliser.

— Il faut que nous l'essayions, décréta Elida en se dirigeant vers la cafetière.

Tilda s'apprêtait à poser le carton sur le sol lorsqu'elle s'aperçut qu'il contenait autre chose. Elle sentit la moutarde lui monter au nez. Voyez-vous ça ! Elida avait commandé un autre article en douce, alors qu'elle ne savait que persifler à propos des sociétés de vente par correspondance. Ce n'était pas correct et Tilda se mit vraiment en colère.

— Ils montrent un article en photo et celui qu'on reçoit est différent, déclara-t-elle sur un ton tranchant. Les articles me paraissent pourtant conformes à ceux que nous avons commandés.

Elida tourna un regard surpris vers sa sœur en entendant l'amertume dans sa voix.

— En effet, Tilda.

— Il vaut peut-être mieux que tu vérifies que l'autre chose que tu as commandée est également conforme à la photo, poursuivit cette dernière.

— Quelle autre chose ?

— Tu es la mieux placée pour le savoir. C'est toi qui as passé la commande.

Tilda souleva le papier kraft qu'on avait utilisé pour caler les articles.

— Il y a peut-être encore d'autres choses dessous ?

— Qu'est-ce que tu racontes ? s'enquit Elida.

L'irritation la gagnait à son tour.

— Tiens, dit Tilda. Nous n'avions pas assez de plats à gâteaux comme ça ?

Elida s'avança vers le carton et découvrit un petit plat à gâteaux en métal orné de jolis motifs.

— Je n'ai rien commandé, protesta-t-elle, et la sincérité perçait dans sa voix.

Elle ouvrit l'enveloppe contenant la facture.

« *Cadeau premières réponses. Si vous retournez le bon sous huit jours, vous pourrez conserver un joli plat à gâteaux sans frais supplémentaires*. »

Tilda eut honte de son comportement, puis les sœurs éclatèrent de rire. Elles s'aimaient, c'était indéniable, mais il leur arrivait d'éprouver une méfiance et une jalousie réciproques. Elles burent ensuite une seconde tasse de café du matin.

— Il faut bien que nous essayions le nouveau filtre, justifia Elida.

— … et le plat à gâteaux, ajouta Tilda en déposant deux biscuits dessus.

Bref, cette matinée fut vraiment festive. Du café préparé avec un filtre en plastique moderne, un joli plat décoré de fleurs peintes et, au milieu de la table, le bel ensemble de salle de bains. Les demoiselles sirotèrent leur café pour faire durer le plaisir aussi longtemps que possible. Le tapis resta sur la table de la cuisine toute la journée et, lorsque le moment de se coucher arriva, Tilda le mit sur le sol de la chambre. Puis elle se plaça au milieu et laissa ses longs pieds osseux s'enfoncer dans le matériau douillet.

Elida haussa les épaules avec dédain, mais quand Tilda alla déposer son dentier dans le verre sur le fourneau, elle vit le reflet de sa sœur dans l'un des grands portraits accrochés au mur de la chambre. Et où se tenait-elle ? Sur le tapis, bien sûr. Tilda gloussa silencieusement et ce sentiment de tendresse l'envahit de nouveau.

28

Rutger avait beaucoup de travail à la rédaction. Les nuits tumultueuses qu'il avait passées avec Marianne après son retour se faisaient de plus en plus rares. Il avait continué à prendre l'élixir, mais la potion ne semblait plus faire effet. Parfois, avant de faire l'amour à sa femme, il avait pensé aux filles du magazine et à ce qu'elles faisaient. En toute franchise, il devait avouer qu'il s'était imaginé à la place des hommes dans ces scènes torrides. Son corps avait alors soudain repris vie et il avait pu s'unir à Marianne. Mais il lui arrivait d'avoir honte, oui, vraiment.

Rutger était entré en relation avec une autre société de vente par correspondance et avait pu réaliser son reportage, mais il n'avait pas oublié la fameuse lettre. Le sentiment de malaise ne le quittait pas et, bien que toujours résolu à ne rien chercher à savoir, il décida de rendre visite à ses sœurs le week-end suivant. C'était juste histoire de voir comment elles allaient, et peut-être pourrait-il leur apporter quelque conseil judicieux pour la rénovation de leur maison. Marianne ne se sentait pas en forme et ne voulait pas l'accompagner : elle préférait attendre l'été.

Tilda et Elida avaient débarrassé le lavoir. Les artisans auraient peut-être besoin d'évacuer certaines choses de la maison pendant les travaux, alors mieux valait se préparer. Il faisait un froid glacial et les sœurs avaient beau porter des chaussettes en laine et leur vieux bonnet de fourrure, elles étaient frigorifiées lorsqu'elles retournèrent à l'intérieur. Elles commençaient tout juste à se réchauffer lorsque le téléphone sonna. Elida était en train de se moucher si bien que, contrairement à l'habitude, ce fut Tilda qui décrocha.

— Bonjour, Rutger. Oui, nous allons bien. Et toi ? Non, je ne suis pas triste. C'est juste mon nez qui coule. Nous avons fait un peu de rangement dans le lavoir. Samedi ? Ça, c'est une surprise. Marianne aussi ?

Elida s'interrompit illico.

— Bien sûr que ça nous convient, répondit Tilda sur un ton hésitant. N'est-ce pas, Elida ?

Sa sœur lui lança un regard interrogateur.

— Rutger veut nous rendre visite ce week-end, juste lui. Marianne est un peu patraque. Cela ne pose pas problème, si ?

— Non, dit Elida, sans grande conviction.

— Il n'y a rien de particulier, Rutger ? Non, je voulais dire… Tu viens juste nous dire bonjour ? D'accord. C'est vraiment gentil.

Tilda raccrocha et les demoiselles restèrent figées dans le hall.

— Tu aurais pu dire que nous devions nous absenter, lui reprocha Elida.

Typique, pensa Tilda. Voilà qu'elle recommence. Elle gonfla le plastron avant de répliquer.

— Tu as toi-même dit que ça ne posait pas problème, alors tout va bien.

Elle prononça ces paroles avec une telle détermination qu'Elida n'osa pas la contrarier.

On aurait dit que ça n'en finissait jamais. Dès qu'elles avaient la paix, un nouvel événement se produisait.

Les journées suivantes furent frénétiques. Les demoiselles firent des courses, cuisinèrent et préparèrent la maison. Elles voulaient prouver à Rutger qu'elles en étaient encore capables.

Lorsque le samedi arriva, la maison brillait de mille feux. Des senteurs de pâtisserie et de petits plats emplissaient le moindre recoin. Les demoiselles avaient enfilé leur nouvelle robe et Elida avait exhorté sa sœur à tourner sa langue sept fois dans sa bouche avant de parler. Elles étaient toutes les deux d'accord pour emporter le secret de leur entreprise dans la tombe, quoi qu'il arrive.

Rutger se sentait particulièrement tendu avant sa visite chez ses sœurs. Elles avaient changé et il éprouvait un certain malaise dès qu'il imaginait que, contre toute attente, c'était quand même elles qui lui avaient envoyé l'élixir aphrodisiaque. Dans ce cas, elles savaient qu'il avait passé cette commande et cette perspective aussi le consternait. Il n'avait cessé de se convaincre qu'une telle hypothèse était exclue et avait également décidé qu'il ne ferait absolument rien pour en avoir le cœur net. De fait, la vérité serait encore plus difficile à gérer que l'incertitude.

Marianne lui avait donné une boîte de chocolats pour ses belles-sœurs et il avait prévu de leur offrir une armoire à pharmacie pour leur nouvelle salle de bains. Il ne l'avait pas achetée, mais gagnée dans un concours de slogans, ce qu'il n'était pas utile de crier sur les toits. Le panneau lui indiqua qu'il ne restait plus que trois kilomètres avant son village natal. Il coupa la radio. Il voulait rassembler ses pensées avant d'arriver. Lorsqu'il se gara devant la maison, il constata qu'en tout cas son apparence n'avait pas changé. Il laissa sa valise dans le coffre et prit uniquement les chocolats et le petit meuble.

Les sœurs avaient attendu, impatientes et nerveuses, derrière la fenêtre et ouvrirent la porte avant que Rutger n'ait eu le temps de frapper.

— Bien le bonjour dans la chaumière ! lança-t-il sur un ton joyeux.

— Bienvenue, Rutger ! répondirent Tilda et Elida en même temps.

Il posa ce qu'il avait dans les mains sur la banquette de la cuisine, puis étreignit ses sœurs. Elles avaient l'air en bonne santé et paraissaient même plus jeunes que la dernière fois. Elles avaient manifestement acheté de nouvelles robes. Très seyantes.

— Assieds-toi, l'invita Elida.

Tilda avait déjà entrepris de préparer du café.

— Il fait bien chaud, constata Rutger.

La chaleur du poêle évoquait toujours de nombreux souvenirs en lui. Il se remémora soudain son enfance. Le forgeron allongé sur la banquette, un journal ouvert sur le visage. Elna, leur mère, au fourneau et les trois enfants attablés. Ses sœurs brodaient tandis que lui faisait ses devoirs. La plupart du temps, ils pensaient que leur père dormait, mais parfois, le journal bruissait et le forgeron considérait sa progéniture, le regard empli de chaleur.

— Récite-moi le sixième commandement, lançait-il à Rutger, qui répondait volontiers à ses questions.

Une bonne réponse lui valait un regard appréciateur, mais lorsqu'il se trompait, son père déclarait :

— Vraiment ? Ce n'est pas ce qu'on m'a enseigné à l'école.

Ses deux sœurs pouffaient à chacune de ses erreurs.

Rutger poussa un soupir lorsqu'il s'assit sur la banquette. Ici, rien n'avait changé. Ah si, la cafetière qu'il n'avait pas vue avant.

— Comment va Marianne ? s'enquit Elida.

— Oh, rien de bien grave. Elle a juste un petit rhume. Elle viendra plutôt cet été.

Puis l'odeur de café se diffusa dans la cuisine. Les demoiselles avaient sorti la belle nappe brodée en l'honneur de la venue de leur frère et le plat à gâteaux regorgeait de pâtisseries maison.

— Les bougies, indiqua Tilda à sa sœur tandis qu'elle glissait les serviettes dans l'anse des tasses délicates.

Elida s'empressa de placer deux chandelles sur la table et ils furent bientôt tous les trois installés comme dans le temps.

Rutger se sentait heureux et détendu. L'atmosphère sereine qui régnait en ces lieux était presque indescriptible et, lorsqu'il vit le visage innocent de ses sœurs, il acquit la conviction que ce n'était pas elles qui lui avaient envoyé l'élixir aphrodisiaque.

Ils bavardèrent, rirent et ses sœurs gavèrent leur frère de gâteaux. Puis Tilda gagna le placard du coin et suggéra :

— Nous pourrions peut-être boire un petit café-goutte.

— Un café-goutte ! s'étonna Rutger.

Il prononça ces mots si fort qu'il n'entendit pas Tilda dire qu'il restait des bouteilles de leur entreprise.

Elida lança un regard courroucé à sa sœur.

— C'est ce qu'il reste de ce qu'on nous a offert à Noël, ajouta alors Tilda.

Entre-temps, Rutger avait eu le temps de voir une longue rangée de bouteilles.

Tilda remplit un verre de vodka d'un geste expert et le versa dans son café. Rutger marqua un temps d'hésitation, puis il l'imita.

Voilà qui était étrange. Il était en train de boire un café-goutte avec ses vieilles sœurs dans sa maison natale de Borrby. Elles avaient indéniablement changé et, à tous les coups, c'était l'œuvre de ce Klemens.

Les demoiselles avaient beaucoup de cancans à raconter à leur frère. Elles avaient fini leur tasse et il régnait une ambiance conviviale.

Rutger leur tendit la boîte de chocolats et le carton contenant l'armoire.

— Ce n'est pas notre anniversaire ! protesta Tilda en riant.

— Je voulais juste apporter une petite contribution à votre nouvelle salle de bains, répondit-il alors que ses sœurs ouvraient le carton.

— UNE ARMOIRE ! s'enthousiasma Elida. Avec un miroir et des tablettes. Mais Rutger, tu n'aurais pas dû…

— C'est exactement ce qu'il nous fallait, commenta Tilda. L'argent que nous avons gagné suffit tout juste pour les rénovations.

— Gagné ? répéta Rutger, surpris.

— Nous arrivons à économiser une petite partie de notre pension tous les mois, intervint Elida pour rattraper la gaffe de sa sœur.

Tilda se sentit penaude. Il fallait toujours qu'elle commette des impairs.

— Là, nous pourrons mettre le parfum que tu nous as offert, déclara-t-elle en désignant l'une des tablettes.

Le doute avait de nouveau envahi Rutger.

— Tu peux dormir sur la banquette, lui expliqua Elida. Nous ne l'utilisons plus depuis le départ d'Alvar.

— Le départ d'Alvar ? Il a habité ici, en plus ?

— Mais non, répondit Elida en riant.

Elle lui raconta qu'elles avaient éprouvé une telle tristesse lorsque leur voisin était parti qu'elles avaient ressenti le besoin de se consoler en dormant dans le vieux lit de leurs parents. Ensuite, elles avaient tout simplement pris l'habitude de dormir dans la chambre.

Sur le moment Rutger se força à rire, puis ses sœurs lui parlèrent d'Alvar avec tant de fierté et de joie qu'il finit par être rassuré : que ce voisin avait tout l'air d'un brave homme.

Rutger était parti chercher sa valise dans laquelle il avait glissé une bouteille de cognac. Ses sœurs n'en avaient jamais goûté et il estimait que c'était une bonne chose, mais ce breuvage réchauffait assurément le cœur.

Les heures défilèrent à toute allure et, quand vint le moment de se coucher, ils avaient savouré un bon repas qui avait valu maints compliments aux demoiselles.

— Ce sont de vrais petits bijoux, commenta Rutger en levant l'un des bocaux à confiture d'Elna.

— Il n'en reste plus beaucoup. Nous les avons presque tous utilisés pour les livraisons, répondit Elida.

Rutger se figea.

— Quelles livraisons ?

— Ah, nous avons donné des confitures pour la tombola de Noël, s'empressa de dire Elida pour se rattraper.

Tilda esquissa un sourire.

— Oh oui, Elida ne savait plus où donner de la tête avec tous les bocaux qu'elle leur a envoyés, intervint Tilda sur un ton légèrement ironique.

L'atmosphère détendue s'évapora soudain pour Rutger. Au cours de la soirée, ses sœurs avaient fait plusieurs réflexions qui pouvaient être liées à l'élixir aphrodisiaque. Il voulait mettre un terme à cette situation et ne plus rien entendre. Il déclara donc :

— Allez, au lit, les filles…

Son ton se voulait joyeux afin de ne pas gâcher cette belle journée qui avait coûté tant d'efforts à ses sœurs.

Elida alla chercher des draps pour lui dans la bonnetière. Il insistait toujours pour apporter son propre linge de lit, mais il savait qu'elles étaient inflexibles sur ce point. On est invité ou on ne l'est pas.

Il faisait froid dehors et Rutger comprit la nécessité pour ses sœurs d'avoir des toilettes à l'intérieur. Se rendre aux cabinets dans le jardin n'avait rien d'une partie de plaisir.

Tilda et Elida lui souhaitèrent bonne nuit, puis il se retrouva seul dans la cuisine. Elida lui avait préparé la banquette et il renifla les draps propres. Le rabat était plié à l'ancienne. Rutger n'en avait jamais compris l'intérêt, mais c'était du plus bel effet. Il plaqua l'oreiller contre son visage et laissa l'odeur de lavande submerger ses sens. Il se sentait au bord des larmes. Il était agité et n'avait pas la moindre envie de dormir. Il se versa un cognac, en but plusieurs longues goulées. Alors son inquiétude s'envola sans qu'il soit pour autant débarrassé d'un sentiment d'étrangeté. Il songea de nouveau à son enfance et à leurs soirées passées à jouer au trente et un autour de la table. Rutger savait qu'il était éméché, mais cela ne l'empêcha pas de vider son verre. Le vieux jeu de cartes et les pièces d'un öre avec lesquelles ils misaient se trouvaient sans doute encore dans le tiroir, se dit-il avant de l'ouvrir avec précaution pour ne pas réveiller ses sœurs.

Bingo ! Les vieilles cartes cornées et les pièces étaient bel et bien dans le tiroir de gauche. Il jeta également un coup d'œil dans celui de droite et y découvrit un livre de comptes. Rutger le referma et se servit un autre cognac, uniquement pour avoir quelque chose à faire, puis il décida de se coucher. Il avait beau savoir que c'était mal, les tiroirs de la table lui faisaient de l'œil. Il ouvrit de nouveau celui de droite, considéra le livre, referma le tiroir. Il gagna ensuite la porte de la chambre et tendit l'oreille. Les ronflements de ses sœurs révélaient qu'elles dormaient à poings fermés. Rutger retourna au tiroir, prit le livre d'un geste résolu et entreprit de le lire.

Dépenses : vodka, angostura, café, vodka, bocaux, filtres, frais d'expédition, vodka.

Recettes : 10 bocaux, 15 bocaux, 32 bocaux.

Rutger cessa de respirer. C'était donc bel et bien elles. Sa tête tournait. Il ignorait si c'était à cause de l'alcool ou de ce qu'il savait désormais des activités de ses sœurs. Bon Dieu… ici, dans la maison de leurs parents, et elles étaient au courant qu'il…

La colère monta en lui et il dut prendre sur lui pour ne pas se ruer dans la chambre, secouer ses sœurs et exiger des explications. Il pleurait comme un enfant à présent et de grosses larmes coulaient sur le livre de comptes. Il se représenta ses parents. Si le forgeron avait encore été en vie et avait vu tout ça ! Les sanglots cédèrent la place à un rire hystérique. Bande de bécasses, aurait sûrement dit leur père. Maudites bécasses. Rutger rit de sa propre misère et de ses saintes-nitouches de sœurs qui ronflaient tranquillement. Il ne comprenait pas comment leur cerveau avait pu concevoir une telle idée, comment elles avaient pu la mettre en application et gérer les ventes. Il continua à feuilleter le livre comptable et vit le solde final : 88 200 couronnes. Rutger n'en revenait pas. Ses sœurs avaient réussi à gagner presque

90 000 couronnes en si peu de temps ! Il était impressionné, vraiment, presque fier. Il les avait clairement sous-estimées. Elles avaient fait preuve d'un sens de l'initiative et d'une détermination que lui ne possédait pas.

Allait-il leur dire qu'il savait ? Non, ce serait bien trop gênant de les regarder dans les yeux lorsque la vérité serait révélée. Sa soudaine euphorie était-elle due au cognac, au soulagement ou à la certitude tout juste acquise ? Il prit son stylo et écrivit sous les comptes d'une écriture contournée :

Comptabilité contrôlée et certifiée conforme.
Rutger Svensson.

Puis il rangea le livre et se déshabilla mais, avant de se glisser dans les draps, il alla entrouvrir la porte de la chambre.

— Espèces de vieilles sorcières, dit-il tout bas en ricanant, à tel point que ses larmes se remirent à couler.

Une fois dans le lit, il eut le doux sentiment que sa mère allait venir le border. Il enfonça le visage dans l'oreiller moelleux en continuant de pleurer.

29

Les deux jours qu'elles avaient passés en compagnie de Rutger avaient été agréables et lui aussi manifestement avait apprécié sa visite. Les sœurs étaient surtout heureuses qu'il n'ait pas découvert leur secret.

La semaine s'écoula, puis vint le lundi où le fils d'Olofsson devait commencer les travaux de modernisation. Les semaines qui suivirent furent frénétiques, mais être témoins des changements fut une expérience fantastique pour les sœurs. Elles avaient dû sacrifier une partie de leur chambre et une armoire, mais elles pouvaient s'en passer. La réception des travaux était prévue le 6 mai et, selon le fils d'Olofsson, ce planning serait respecté. Chaque soir, après son départ, Tilda et Elida allaient inspecter la salle de bains. Le sol avait été posé, de même que le papier peint et, ce jour-là, les sanitaires étaient arrivés. Les demoiselles savouraient tout en bouillant d'impatience de pouvoir utiliser leurs nouveaux waters. Ce jour arriva enfin et il était radieux. Le matin, elles avaient reçu une carte d'Alvar, qui leur annonçait son intention d'arriver dès le début du mois de juin, ce qui les avait comblées de joie.

Lorsque le fils d'Olofsson eut terminé les dernières finitions, Elida prépara du café. En fait, ce fut un café du soir, car Olofsson n'avait pas réussi à boucler le chantier avant 19 heures.

— Voilà, vous n'aurez plus besoin de sortir, commenta-t-il.

— Cela va nous simplifier la vie. Et puis, c'est du beau travail, le félicita Tilda.

— Combien vous devons-nous ? s'enquit Elida.

Olofsson sortit son carnet et effectua les comptes.

— 82 000 couronnes, annonça-t-il.

Elida s'efforça de rester impassible. Elle alla chercher la boîte à gâteaux, compta les billets et le paya en liquide. Olofsson prit congé en s'inclinant, puis il disparut dans le soir printanier.

— 82 000, répéta Tilda. Ça veut dire qu'il nous reste 6 200 couronnes.

Elida éclata de rire.

— Il ne faut pas croire tout ce que les citadins disent.

Elle faisait référence à leur certitude que tout est toujours plus cher que prévu.

Une fois la table débarrassée, elles nettoyèrent leur nouvelle salle de bains. Tilda alla chercher le tapis et la housse d'abattant. Pendant ce temps, Elida accrocha les serviettes au liseré bleu réalisées par leur mère.

Tilda disparut ensuite dans la chambre, l'air mystérieux.

— Tiens ! dit-elle en tendant un rouleau de papier extra-doux rayé de bleu à Elida. Je l'ai acheté un jour où je suis allée en ville seule. Ils sont chers, mais c'est quand même autre chose que du papier journal.

— Tu ne sais vraiment pas quoi inventer ! dit Elida à sa sœur sur un ton gentil et celle-ci sentit une vague de chaleur parcourir son corps.

Avant qu'elles n'aillent se coucher, Elida ouvrit le tiroir contenant le livre de comptes.

— Mieux vaut détruire toutes les preuves, expliqua-t-elle, puis elle le jeta dans le fourneau.

Ce fut Elida qui inaugura les waters avant d'aller au lit. Tilda l'attendait devant la porte.

— Dis, Elida, nous allons avoir quelque chose à montrer quand Alvar va arriver.

Elle n'entendit pas la réponse de sa sœur, car à cet instant, Elida tira la chasse d'eau des toilettes bleu ciel pour la première fois.

Lorsque ce fut le tour de Tilda, elle se délecta de la douceur du siège tandis qu'elle bavardait avec sa sœur à travers la porte. Elles avaient toujours procédé ainsi et entendaient bien continuer. Ces instants étaient intimes, et les sœurs eurent du mal à aller se coucher.

Lorsqu'elles finirent par gagner leur chambre, les flammes du fourneau engloutissaient le dernier morceau du livre de comptes et les sœurs se réjouissaient de savoir qu'elles emporteraient leur secret dans la tombe.

Le poêle n'allait pas tarder à refroidir et à émettre ses trois craquements habituels. Les vieilles pantoufles déformées par leurs oignons béaient dans l'obscurité, leurs dentiers attendaient dans le verre et les demoiselles Svensson reposaient l'une à côté de l'autre. Elles souriaient dans leur sommeil.

11803

Composition
FACOMPO

Achevé d'imprimer en Espagne
par CPI IBERICA
le 13 juin 2017.

1er dépôt légal dans la collection : avril 2017.
EAN 9782290139479
OTP L21EPLN002174A002

ÉDITIONS J'AI LU
87, quai Panhard-et-Levassor, 75013 Paris

Diffusion France et étranger : Flammarion